CHUANGXIN YU
CHUANGYE

创新与创业

职业教育通用基础教材系列

主编◎罗赣权

中国人民大学出版社
·北京·

前言

PREFACE

李克强总理在政府工作报告中指出，要把“大众创业、万众创新”打造成推动中国经济继续前行的“双引擎”之一。可以看出，政府视创新创业为中国发展之源、富民之本、和谐之基，并出台了许多政策推动创新创业；社会正蔚然兴起崇尚创新创业之风，为创新创业提供了良好的舞台；全球化、信息化、知识经济为创新创业提供了前所未有的广阔舞台和发展契机。可以说，这是一个“大众创业、万众创新”的时代。

为契合职业院校开展创新创业教育，提升学生职业核心能力，让学生不断增强自身竞争能力和社会适应能力，成为适应创新型国家建设需要的人才，我们编写了《创新与创业》一书。

本书特点鲜明：

1. 以先进理念为指导　体现职教特色

从“简单、易懂、实用、有效”出发，贴近职业院校实际，体现职教教改成果和职教特色，以素质为核心，以能力为本位，重在知识和技能的实际灵活应用。在专题训练、实践探究等方面下足功夫，各章节围绕情境、合作、实践等主题，采用启发式、探讨式、协作式等模式，进行创新创业指导、创新创业实践、综合素质培养。让学生在“做”中学，“做”中知，“做”中会。

2. 注重实用性、针对性、创新性

本书内容具有很强的实用性，主要精选当下职业院校学生创新、创业热点，开发可行性的实践活动，让学生在活动中挖掘创新思维，培养创新能力，提高创业素质。针对学生好奇心强、好动、想法多的特点，书中匹配了众多图片、趣味活动，并设置了相应的创意创作活动课，使小建议、小设计、小发明绽放光芒。

3. 教材内容结合同步练习、趣味活动

每一章都配有针对性的练习题和趣味活动。通过练习巩固知识，通过活动活跃思维，达到触类旁通、快乐学习的目的。理论与实践相结合，注重创新意识培养，增强团队合作意识，实现自主发现问题、分析问题、解决问题能力提升的目标，突出职业教育的实践性、技能性、应用性。

本教材可用36～48学时进行教学，具体学时分配参考表如下：

学时分配参考表

章目	课程内容	学时
第一章	创新与创新潜能	2
第二章	创新素质及培养	4～6
第三章	创新思维及训练	6～8
第四章	创新技法	6～8
第五章	创业概述	2
第六章	创业 SWOT 分析	4～6
第七章	市场分析	6～8
第八章	财务分析	6～8
合计	36～48	

本书由江西省商务学校罗赣权（主编）、周斌老师编写，李梁、吴辉良、潘东华、张颖、黄芳老师参与了本书微课视频的制作。全书由罗赣权整体策划并统稿。

本书在编写过程中参考了许多相关的文献资料，在此一并表示感谢。由于编者水平有限，书中缺点在所难免，敬请有关专家、学者和广大读者批评指正。

编　者

致同学们

亲爱的同学们：

欢迎来到创新创业教育基地。从古至今，创新就未曾间断，古有四大发明，今有神舟飞天。“大众创业、万众创新”已经写入政府工作报告，成为时代发展的趋势。在这种潮流下，你是否跃跃欲试？是否早有许多创新创业想法却苦无平台施展？在满目琳琅的教材中，是否未曾找到适合自己的？为解决这一系列问题，本书密切联系职业院校实际，着力培养创新创业意识，搭建创新创业平台，为同学们顺利步入社会提供支持。

本书专为职业院校学生“量身定制”。全书分为创新和创业两大部分。其中创新部分包括创新与创新潜能、创新素质及培养、创新思维及训练、创新技法；创业部分包括创业概述、创业 SWOT 分析、市场分析、财务分析。下面让我们携手，一起踏上“创新与创业”之旅：

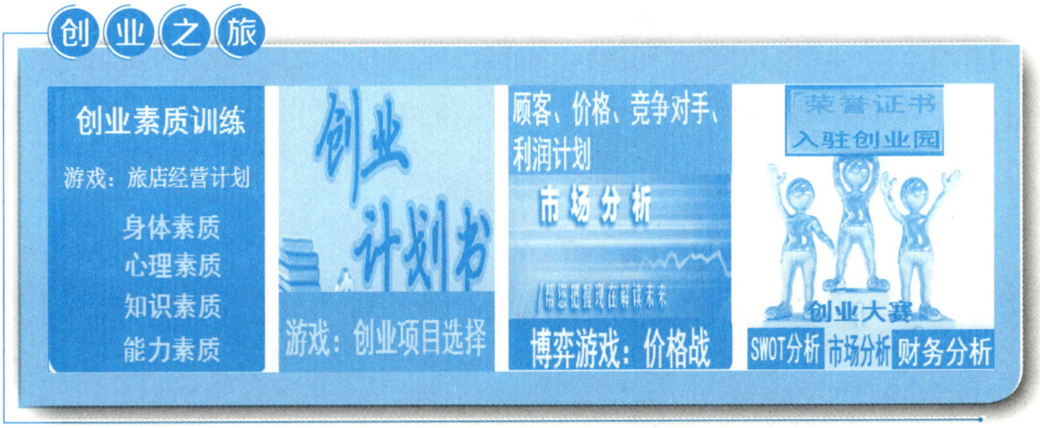

本书充分体现了职教教改成果和职教特色。将课堂与实践相结合，融教、学、做为一体；以知识为基础，以训练为重点，以实践活动为核心。

每章设有以下栏目：

【学习目的】 引领方向、明确任务。

【内容描述】 阅读引导，让同学们快速了解章节内容。

【案　　例】 注重创业情景、创新活动及创新创业案例的分析。用生动的案例或故事直观导入本课的学习。

【思考讨论】 启发性地提出问题，引发思考，激发兴趣，并鼓励同学们通过讨论、辩论等活动进行沟通和交流。

【专题训练】 每节配有专题训练，系统、全面地训练同学们的创新创业能力。

【精彩链接】 每章配有相关微课视频，让学习变得更加直观、生动、有趣，提高学习效率。

【本章综合训练】 融知识、实践、拓展训练为一体，最大限度地激发大脑潜能，全面提升创新创业素质。

同学们，从现在起，我们就要开始学习一门新课程——“创新与创业”了，你准备好了吗？

目录

CONTENTS

第一章

创新与创新潜能

处处是创造之地，天天是创造之时，人人是创造之人。

——陶行知

学习目的

1. 了解创新内涵，认识到每个人都具有无限潜能，人人都具有创造力。
2. 了解自己有着无限的潜能，树立自信心，培养自己的特长，提高自己的创造力。
3. 成功与不成功之间并没有不可逾越的鸿沟，只要我们善于学习，勇于探索，不断奋斗，充分挖掘自己的潜能，人人都可以成功。

内容描述

人类社会的每一次进步都有着创新的轨迹，创新并不是少数人的专利，随着社会的进步，创新内涵也在不断发展，不仅明显推动社会发展的创造是创新，而且当我们开始观察这个世界，发现各种问题，思考如何改变和改进时，就已经开始了创新。

每个人都有蕴藏无穷潜能的大脑。加德纳的多元智能理论认为，智能是多元化而非单一的，主要由语言智能、数理逻辑智能、空间智能、身体运动智能、音乐智能、人际智能、内省智能、自然探索智能八项组成；认识自己的特长，扬长避短，对提高创造力具有重要意义。

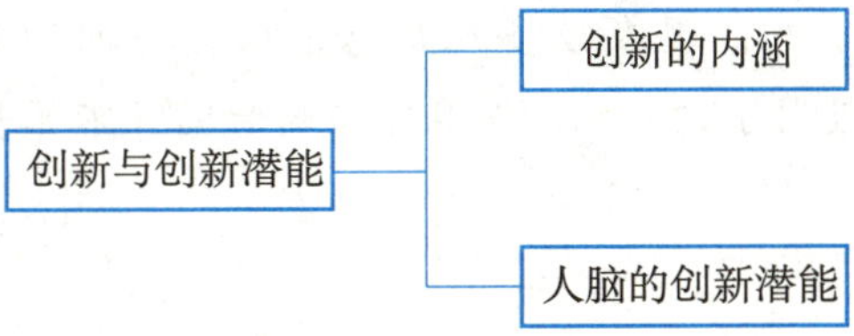

第一节　创新的内涵

案　例

故事 1：亚马逊的诞生

1994 年，30 岁的杰夫·贝索斯惊讶地发现，尚未成熟的互联网络的使用人数正在以每年高达 2 300%的速度暴增。正如你现在看到的，一般人是使用网络，而杰夫·贝索斯却注意到了网络的使用。那时候的他正坐在曼哈顿一栋办公大楼的 39 层的一张计算机桌前，对网络进行探索。这个发现让他很兴奋，他预感到了什么！他开始思考：既然有这样一种趋势，流连于网络的人越来越多，那么能否在网络空间中创造一些商机呢？他毅然辞了职——为了这个不成形的预感！但到底要在网络中做什么，卖什么东西，办一家什么样的公司，他对此还无清晰的思路。于是他就跑到大街上寻找灵感。终于，他在看到一家书店时，一个主意浮上了他的脑海：为什么不在网上开办一家书店呢？"亚马逊"网上书店就这样诞生了！他用南美洲的一条河流给他的书店取了名字。

杰夫·贝索斯毫无争议地率先开启了电子商务的大门，并且亚马逊用自身的超速成长，引领了世界商业模式的革命，也诠释了到底什么叫电子商务。现在的亚马逊是个什么样子呢？咱们设想一下：有这样一家书店，有十几平方公里的面积，备有 310 万种以上的图书，可以接待 500 多万人次的顾客，这该是多大的书店啊！你要想浏览完它所有的书目，恐怕必须要开上汽车才行。这样的设想可能让你感到吃惊，因为如此大的书店根本无法在现实中实现，然而，互联网能做到这一切，这就是"亚马逊"网上书店。当然，亚马逊现在不仅仅卖书，它已经名副其实地成为了一家"百货公司"。

故事 2：当当网

1999 年 11 月，当当网开通了。这也是一家从网络书店起家的电子商务公司，现在号称是全球最大的中文网上书店。它现在的商品除了图书，其他种类也非常繁多，怎么也有数十类吧。现在很多人都愿意从当当网购物，打折、货到付款、足不出户的网购便利吸引了这些人，而且等待的时间并不算长。

思考讨论

亚马逊和当当网都很成功。不过，你有没有想过一个问题：亚马逊网站作为第一个真正意义上开启了电子商务大门的商业模式，无疑可以称为创新，那么当当网则带有一定的借鉴性，它也可以被称为创新吗？如果也算，那么这两种创新又有什么区别呢？

一、 创新的概念

中文“创新”一词出现较早，但其含义与现在不同，古汉语中的“创新”主要是指制度方面的改革、变革。从目前已有的文献史料来看，“创新”一词最早见于《魏书》：“革弊创新者，先皇之志也。”这里的创新是指制度方面的创新。

现代汉语中的“创新”一词的词义较之古代汉语又有新的发展，1999 年出版的《辞海》里的“创”指“始创之也”，是首创、始创之义；“新”指初次出现，与旧相对。可见创新有三层含义：一是抛开旧的，创造新的；二是在现有基础上改进、更新；三是创造性、新意。随着社会的进步与发展，“创新”已经成为多学科、多领域广泛运用的一个词，从本质意义上理解：创新是指通过人类脑力和体力的付出，遵循事物发展规律，创造出前所未有的事物并使其得以发展的一种活动。

二、 创新的类别

对于创新，其概念中的两个关键词可以帮助我们进一步理解其含义：一个是“事物”，另一个是“前所未有”。

这里的“事物”所指范围很广，既包括自然科学，也包括社会科学，有理论也有实践，上至国家政权，下至百姓日常生活，只要你有创意，创新无处不在，无时不有。

这里的“前所未有”则指“首创”“新”。所以，创新的参照对象不一样，其表述也不一样，在此我们可以把它区分为“首次创新”和“继承创新”两种类型。

1. 首次创新

首次创新是指相对于其他人来说，你是第一，是首创。“首创”是创新最为关键的一点，也是创新的“灵魂”。首次创新是最艰难的，因为在现实生活中没有任何借鉴，而能给人类社会发展带来质的飞跃的，往往是这些首次创新。比如爱因斯坦发现相对论、爱迪生发明电灯等。

2. 继承创新

继承创新是指在我们生活中这种事物已经存在，但是通过自己的努力可以使它更加完善或者具有之前所没有的功能，使其具有超前性。如苹果手机，在苹果手机发明之前，已经有手机了，但苹果手机凭借自己独特的功能优势，为用户提供了前所未有的体验，从而引领了一场智能手机的革命。可见，继承创新的作用不容忽视。

评判某一事物是否属于具有创新性，并不在于这一事物之前是否存在，而在于其是否具有新颖性、超越性，能否带来一定功效。也许我们很难做出影响全人类的创新，但只要在前人基础上做出属于我们自己的东西，且具有一定功效，就可以称之为创新，所以，人人都可以创新，即只要我们有新想法或做法、新观念或设计、新方法或途径，这就是创新。

创新在时间和空间上都是无止境的。只要你善于观察，发挥想象力，掌握创新方法，有良好的创新思维，就有可能为社会进步做出贡献。

三、 创新的主要特征

评判一个事物是否具有创新性，可以看它是否具备创新的特征。

1. 目的性

创新活动一般都伴随一定的目的性，目的性越强烈，创新成功的可能性就越大，否则，也会因为缺乏动力阻碍创新的发展，目的性伴随创新过程的始终。

2. 变革性

不管是首次创新，还是继承创新，都具有一定的变革性，首次创新是第一次出现的新鲜事物，本身就蕴含着“变”；继承创新则通过不断变革补充，使事物不断完善，从而推动社会不断进步。

3. 新颖性

新颖性是指不断打破常规，创造出新的事物。这种“新”有两种内涵，一种是从未有过的事物，另一种是事物所具有的新功能。

4. 超前性

超前性有两层含义：一是新事物在旧事物基础上继承并发展；二是新事物彻底取代旧事物，在某种程度上代表了同类事物未来的发展方向。

小小创意让钥匙个性飞扬

——18 岁中职生获全球青年创业精神奖

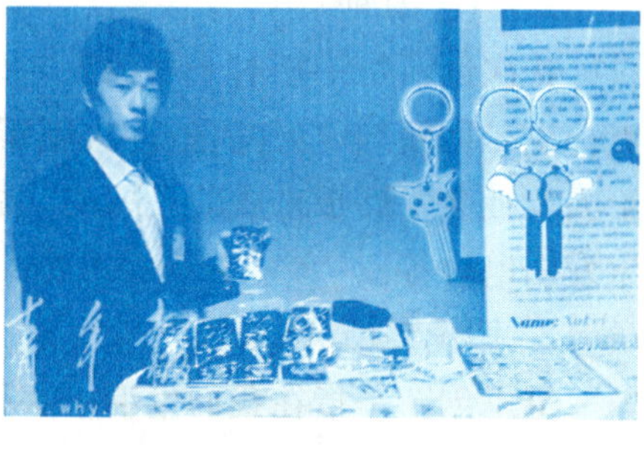

五颜六色的色彩，不同的造型，让千篇一律的钥匙焕发出了个性的风采。2010 年 4 月中旬，这一有趣的创意获得了本年度由美国国家创业指导基金会（NFTE）主办的全球青年创业精神大奖。提出这一创意的是上海的一名普通中职生。从江苏泰州来上海求学的他没想到，自己有一天能飞到美国登上领奖台。

宿舍生涯激发创作灵感

18 岁的许飞是上海市建筑工程学校 2008 级经济管理专业的学生。制作彩色个性钥匙的灵感源自许飞的住宿经历。

有一天晚自习后回到寝室，他发现查寝的老师手里拿着好几把一模一样的寝室钥匙，每把钥匙上虽然都标注着寝室号，但时间一长标注都已经模糊不清。老师一边找钥匙一边抱怨："怎么长得都一样，分也分不清楚。"在走廊里回荡的叮叮当当的钥匙碰撞声和老师的这句话，突然让许飞有了一个想法：有没有一种方法能够区别不同的钥匙，让它个性化呢？

他认为，现在的钥匙千篇一律，如果能开发一些个性化的钥匙，不仅能在功能上进行分类，而且还能为装修设计、文具开发等领域带来更大的商机。

在校园卖出 500 多把钥匙

许飞的想法得到了老师的认可。他跑遍了上海的大街小巷，最终找到了一家位于宝山的小店，共同设计出了不同色彩、不同造型的图纸，并制作出几把个性钥匙。

一开始，个性钥匙是以色彩区分的，到后来，有了不同的造型，再后来，就是"你想要什么，我就为你定制什么。"两瓣心脏，拼在一起就是一个完整的心，这是许飞专门为情侣定制的"情侣系列"钥匙。KITTY 猫、变形金刚等各种"卡通明星"造型的钥匙，刻有纪念日、姓名字母缩写、车牌号等的钥匙也可以做。只要顾客想到的，都能定做。

这种"独一无二"让"许飞牌"个性钥匙一出来就大受欢迎，"我开始就是为身边的同学做，没几个月就在全校卖出了 500 多把。"

抱着华尔街的金牛合影

在老师的推荐下，许飞带着这个还不太成熟的商业计划参加了在北京举办的一场创业比赛。谁知一举成功，评委们觉得，作为一个中职生，能结合自己的专业提出这样简单可行又有一定商机的创意，很不简单。

好消息接二连三，不久，刚从北京回来的许飞又得到了去美国参加创业展示的机会。在纽约，一把把富有创意的精致钥匙令许多国外的老师赞不绝口，甚至有人当场愿意出高价买下数十把特色钥匙。"我当时一下子觉得特别有信心。"这个 18 岁的男孩，从未想过自己会到美国，走上华尔街，会和全世界金融家瞩目的金牛合影。"我抱着金牛照了张相，觉得这就是我以后的梦想。"

梦想有一天能真正创业

许飞是江苏省泰州人，父母都在上海打工。初三那年，他放弃了升入高中的机会，决定到上海报考一所中职校。这个决定让许飞的父母非常生气。当儿子提着行李出现在他们面前时，父母甚至把他关在了门外，希望他能回去读高中。“我就是想到上海来和爸妈一起生活，并且想学点技艺早点出来工作。”许飞铁了心，最后父母也拗不过他。“当时报考学校时，正好看到学校的宣传册中有一张一个男生的照片，说他获得了一个什么创业大奖，我还感叹这个男生真牛。”一年后，他也报名参加了这个男生曾经参加的创业夏令营，谁知也获得了大奖。

现在，许飞与他找到的那家定制店一起合作。“我负责设计和校园推广，店家则负责生产，我们一起合作，先在校园里做。”对于未来，他想得很实在：“毕业后我还是会先工作，从事和建筑相关的职业，做好准备，总有一天，我会真正走上创业之路。”

专题训练

“我的发现” 案例分析

● **目的**

理解创新，寻找可供学习、借鉴、模仿的榜样。

● **训练内容**

利用互联网（或亲身经历）收集技术发明、文化创意及创业案例并作出分析。案例类型见下表。

案例类型	重点关注
小发明	大学生、中职生、中小学生日常生活中的小发明、小创造
创新产品	1. 学校及你熟悉的周边市场出售的属于发明或有创意的产品； 2. 与所学专业相关的技术发明、创新产品
创意广告	公益广告、“行为艺术”广告或网店“淘宝海报”等
营销模式	传统销售、“互联网+”营销的模式、方法、手段（包括好的“点子”）
创业成功案例	1. 身边亲友、邻居的创业故事； 2. 职业院校学生（特别是本校往届毕业生）的创业案例； 3. 你最敬佩的成功人士的创业案例

● **实施策略**

1. 学生根据自己的兴趣任选一个项目，自主拟订分析方案，基于所分析的案例，提出自己的独到见解。

2. 将案例中包含的创新思维或方法移植到其他领域解决其他问题，并提出新创意。

● **案例分析**

以报告形式呈现：Word 文档或制作 PPT（完成时间为 1 周）。

作者：	学号：	班级：	作品编号：
案例名称：			
基本内容			
创新点			
产生的价值			
有何启发			
由此产生的创新设想			

● 分享交流

挑选或随机抽取若干案例分析报告，由作者向全班同学汇报交流。

第二节　人脑的创新潜能

案　例

瓦特：工人，发明了蒸汽机；

史蒂芬逊：放牛娃，发明了火车；

李春：石匠，设计了赵州桥；

李时珍：落第书生，药物学家；

华罗庚：店员，著名数学家；

齐白石：木工，国画艺术大师；

高尔基：杂工，伟大的文学家。

大多数人认为自己没有创造力，创造力只属于少数有天分的人，所以，也就不愿付出，不愿尝试，而是庸庸碌碌度过一生。其实，我们所熟知的具有创造力的伟人，曾经也很平常，很普通，只不过他们通过后天的努力，改变了自己，甚至改变了这个世界。

思考讨论

1. 上述案例对你有什么启示？
2. 自己在面对问题时曾经有过哪些比较好的创意？

一、　感知人脑的创新潜能

1. 认识大脑

大脑深藏于头部，居于高位，是全身最精密的器官。人的大脑犹如一颗小白菜，重 1 300～1 400 克，相当于体重的 2%～3%。有人形象地把脑比喻为一个核桃，脑颅骨围成的颅腔就像核桃的外壳，脑就像核桃仁位于颅腔内，脑外层的被膜则像核桃的内膜。

大脑分左右两个半球，从形态上来说，脑的两半球是对称的。研究表明，创造力存在于我们右脑之中，所以右脑被称为创造脑，左脑则被称为知识脑。左脑主管语言、计算、逻辑思维和时间管理，通常左脑发达的人，智力较高。右脑主管音乐、艺术、非逻辑思维、情绪和空间管理，用形象来思考和记忆。

通过图 1-1 可以看出，左右脑各有分工，右脑主管创新能力，但需要通过左脑的计算、分析及逻辑思维，才能表达出来，真正完成创造，即左右脑需要密切配合，才能实现创新，二者缺一不可。可见，左脑和右脑是配合工作的。

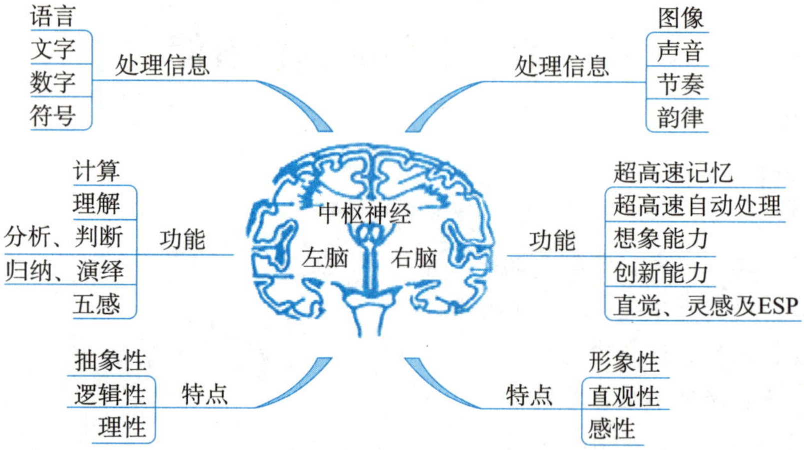

图 1-1　大脑的分工

2. 大脑的创新潜能

(1) 什么是潜能。

所谓潜能，是指某种潜在的能力或某种内在的可能性。潜能也就是创造力，需要经过后天的培养与开发才能释放出来。

每个人的创新潜能大致相同，之所以后天表现出较大差别，是因为开发的程度不同，只要我们去开发，创造力就会得到释放。

(2) 创新潜能。

人的创新潜能主要来自人的大脑，研究表明，人脑蕴藏着巨大的创新潜能。

神经元是构成大脑的基本单位，神经元之间的接触区叫突触。突触依靠“电—化学”反应形成联系，思维就在这样的反应中进行着。人的大脑共有 140 亿个神经元，每一对相邻神经元之间在一瞬间就有 10 万到 100 万个反应发生，其作用远远超过了任何大规模集成电路。科学家推算，人脑的每一个神经元每秒钟可接受的信息量为 14 比特，所有神经元可以容纳的信息量大约相当于5 亿～7.5 亿册图书的信息总量。

实际上，人脑的大部分潜力都未发挥出来，一般人只利用了 5%左右，我们通常所说的精英人才大概也只利用了 10%左右。研究发现，一些世界级的天才如爱因斯坦，他的大脑也只利用了30%左右，仍然有70%没有被利用起来。

每个人都蕴藏着无限的创造力，每个人都可以成为人才，只要我们不断地去开发自己的大脑，不断地去思考，不断地去实践，每个人都有成功的可能。

实践激发创新潜能

只有实践才能激发创新潜能。从火车发明者史蒂芬逊的经历来看，其创造就是来自实践。他从未在学校受过教育，8岁给人家放牛，13岁就跟父亲到煤矿去干活。起初当蒸汽机司炉的副手擦拭机器，别人修理机器时他细心观察，了解机器的构造和功能。由于他刻苦学习，长时间积累，产生了许多智慧，掌握了相当熟练的技巧。

一天，煤矿的一辆运煤车坏了，机械师们修理了好长时间还不能使用，史蒂芬逊自告奋勇地要求修理。他平时摆弄过很多机器，很了解这种运煤车容易出毛病的地方。于是，他从容不迫地拆开，调整好出毛病的地方，再照原样装配好，运煤车果然开动起来了。通过这件事，他很快升任机械修理匠，直至机械工程师。

像史蒂芬逊这种善于开发自身潜能的人能从学习、生活和工作中吮吸养分，滋润、充实自己，“故不积跬步，无以至千里；不积小流，无以成江海”。成功的秘诀是什么？安东尼·罗宾告诉我们，那就是“现在就去做”。种下行动就会收获习惯，种下习惯便会收获性格，种下性格便会收获命运。

二、人类智能的类型

在我们身边处处有创新，时时有创新，我们所熟知的伟人，为什么他们成功的道路不一样呢？我们自身有哪些创新潜质呢？

经过多年研究，人类智能权威研究学者——美国当代著名心理学家、教育学家、哈佛大学教授霍华德·加德纳在1983年提出了多元智能理论。他认为，人类的智能是多元而非单一的，主要由语言智能、数理逻辑智能、空间智能、身体运动智能、音乐智能、人际智能、内省智能、自然探索智能八项组成，我们每个人因为拥有不同的智能优势组合，导致了我们潜能的差异。

1. 语言智能

语言智能是指个体听、说、读、写的能力，表现为个人能够顺利而高效地利用语言描述事件、表达思想并与人交流的能力。在记者、编辑、作家、演讲家等人身上有比较突出的表现。代表人物：由记者转变为演讲家和政治家的韦斯顿·丘吉尔。

2. 数理逻辑智能

数理逻辑智能是指个体运算和推理的能力，表现为个人对事物间的各种关系，如类比、对比、因果等关系的敏感度以及通过数理运算和逻辑推理等进行思维的能力。在侦探、律师、工程师、科学家和数学家等人身上有比较突出的表现。代表人物：数学家华罗庚。

3. 空间智能

空间智能是指个体感觉、辨别、记忆、改变物体的空间关系并借此表达自己思想和情感的能力，表现为个人对线条、形状、结构、色彩和空间关系的敏感以及通过平面图形和立体造型将它们表现出来的能力。在画家、雕塑家、建筑师、航海家、博物学家等人身上有比较突出的表现。代表人物：画家毕加索。

4. 身体运动智能

身体运动智能是指个体运用四肢和躯干的能力，表现为个人能够较好地控制自己的身体，对事件能够做出恰当的反应以及善于利用身体语言来表达思想和情感的能力。在运动员、舞蹈家、外科医生、赛车手和发明家等人身上有比较突出的表现。代表人物：美国篮球高手迈克尔·乔丹。

5. 音乐智能

音乐智能是指个体感受、辨别、记忆、改变和表达音乐的能力，表现为个人对节奏、音调、音色和旋律的敏感以及通过作曲、演奏和歌唱等表达自己思想和情感的能力。在作曲家、指挥家、歌唱家、演奏家、乐器制造者和乐器调音师等人身上有比较突出的表现。代表人物：音乐天才莫扎特。

6. 人际智能

人际智能是指个体与人相处与交往的能力，表现为个人觉察、体验他人情绪、情感和意图并据此做出适宜反应的能力。在教师、律师、推销员、公关人员、谈话节目主持人、管理者和政治家等人身上有比较突出的表现。代表人物：美国黑人领袖马丁·路德·金。

7. 内省智能

内省智能是指个体认识、洞察和反省自身的能力，表现为个人能够正确地认识和评价自身的情绪、动机、欲望、个性、意志，并在正确的自我意识和自我评价的基础上形成自尊、自律和自制的能力。在哲学家、小说家、律师等人身上有比较突出的表现。代表人物：哲学家柏拉图。

8. 自然探索智能

自然探索智能是指个体对自然景物（如植物、动物、矿物、天文等）有诚挚的兴趣、强烈的关怀及敏锐的观察与辨认能力。在自然生态保护工作者、农夫、兽医、宠物店老板、生物学家、地质学家、天文学家等人身上有比较突出的表现。代表人物：达尔文。

在传统教育中，学校一直强调学生在数理逻辑和语文（主要是读和写）两方面发展，但这并不是人类智能的全部。加德纳的理论（见图 1－2）认为，不同的人会有不同的智能组合，我们在发展自己各方面的智能时，必须留意自己在某一两方面特别突出的智能。只有扬长避短，才能在竞争中发挥自己的优势。

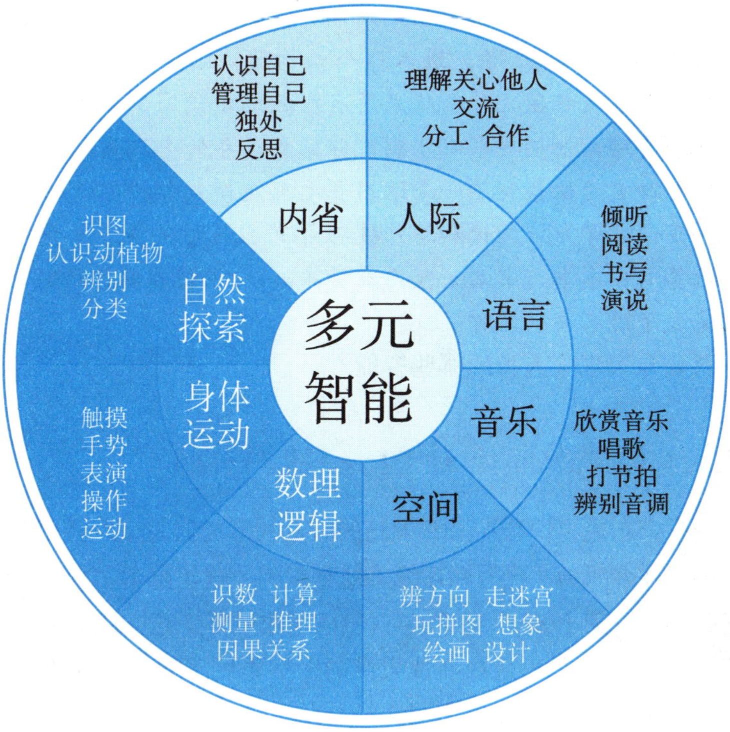

图 1-2 多元智能理论

材料一：桑伯格是美国著名的诗人。他 6 岁那年第一次学习写字母时，就决定要当一名专职文员。他在青年时虽未能通过数学及语法考试，进入其理想中的学校学习，但他仍获得了 12 所大学的博士学位。直到 80 岁高龄，他还对动词和形容词的奥妙感到难以名状的兴趣。

材料二：丹尼尔 2 岁时就对数字产生了迷恋，每当妈妈给他念一些数字时，他就会高兴地尖叫起来。一年级时，他就开始学习负数等高年级才需要掌握的教学知识。在校外，他喜欢计算运动中的各种统计数据、将物体分门别类、指出全球各地的时间差……并且乐于帮助家里做财政预算方面的决策。

材料三：波拉的基本学习技能落后于同班同学，被评为有学习障碍的学生。但老师发现波拉的动作姿势非常优雅。他试图让波拉用舞蹈动作来展示 26 个字母的形状。波拉用芭蕾艺术完美地完成了这项作业，令老师和同学们肃然起敬。靠着运动智能，波拉改变了对自我的认识。

材料四：茨拉被老师认为是一个不安分的孩子，因为她总在课堂上偷偷地画画，违反课堂纪律，而且很少能记住每天学习的内容。有一天，茨拉高兴地给老师看她当天用绘画表现的有关地球结构的学习内容——地壳、地幔和地核的特征。从这件事以后，老师改变了对她的评价，因为每当茨拉绘画、制表时，学习就已融入到了她的生命当中。

材料五：年轻的美国演唱家、作曲家丹尼婴儿时期患了小儿麻痹症，因而导致了身体残疾。但在小时候他就通过歌曲表现出了卓越的音乐才能。丹尼曾写过一首名为《每个人都各有才能》的歌。在这首歌中，他强调每个人都有自己的优势。

材料六： 比尔小的时候很难管教，经常有侵犯他人的行为，于是他被送到智力迟钝收容所，在那里度过了12年。进入这个机构后，比尔停止了正常儿童的生活。他被孤立于家庭、朋友及社区之外，从来没有人教比尔读写。但比尔离开那里以后，受到一个新机构的资助，他们要求比尔制定并完成每年的个人发展目标，以完全融入社区生活。他的资助者为他找到了一个运用多元智能模式教授阅读的老师。比尔在老师的鼓励、指导下认真学习，阅读和写作技巧都有了很大提高。一个月以后，他向老师宣布：自己打算写一本书，书名为《内在世界》，记录他在收容所时的内心生活，6个月以后，他完成了这本书的写作。

上述材料各自表现了人类的哪些智能？

三、 激发大脑创新潜能的思维工具——思维导图

英国著名心理学家东尼·博赞在研究大脑的力量和潜能时发现，伟大的艺术家达·芬奇在他的笔记中使用了许多图画、代号和连线。他意识到，这正是达·芬奇拥有超级头脑的秘密所在。在此基础上，博赞于20世纪60年代发明了思维导图这一风靡世界的思维工具。

思维导图又叫心智图，是表达放射性思维的图形思维工具，它简单却又极其有效，是一种革命性的思维工具。思维导图运用图文结合的方法，把各级主题的关系用相互隶属与相关的层级图表现出来（见图1-3），将主题关键词与图像、颜色等建立记忆链接。思维

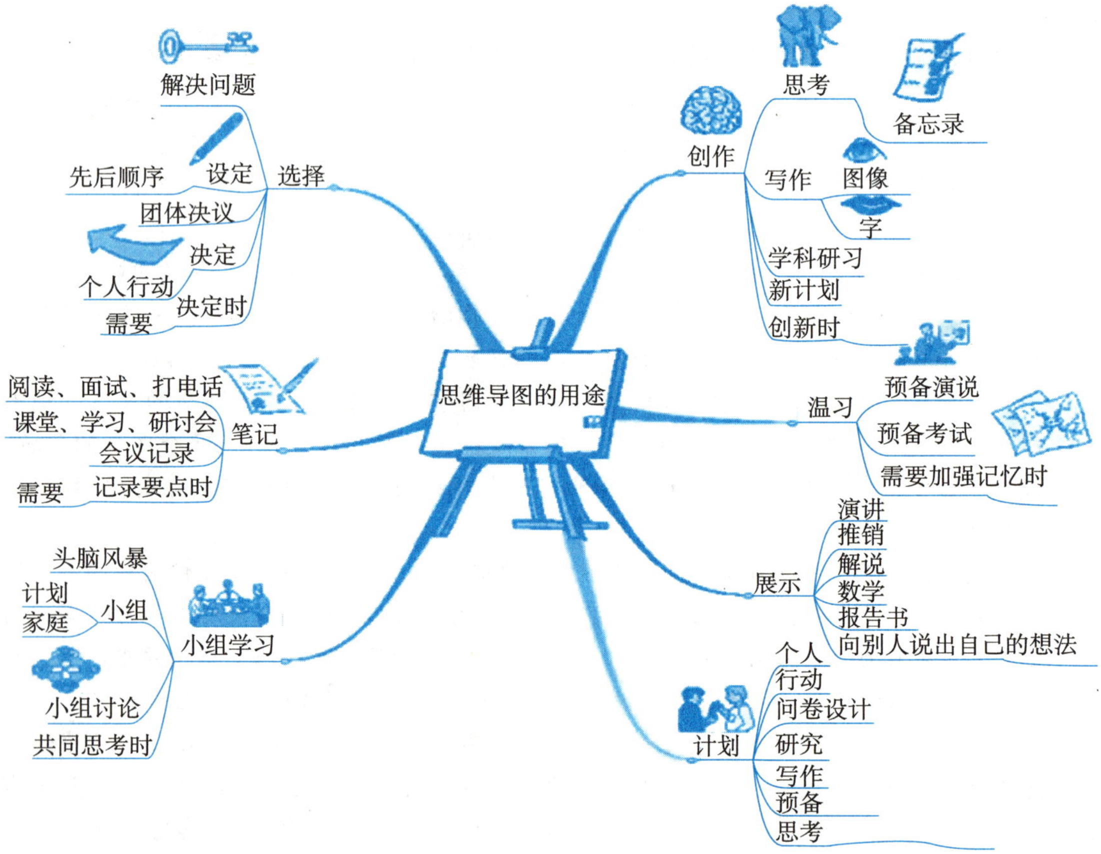

图1-3 思维导图

导图充分运用左右脑的机能，利用记忆、阅读、思维的规律，协助人们在科学与艺术、逻辑与想象之间平衡发展，从而开启人类大脑的无限潜能。思维导图因此具有展现人类思维的强大功能。

思维导图是一种将放射性思维具体化的工具。我们知道放射性思维是人类大脑的自然思考方式，每一种进入大脑的信息，不论是感觉、记忆还是想法——包括文字、数字、符码、香气、食物、线条、颜色、意象、节奏、音符等，都可以成为一个思考中心，并由此中心向外发散出成千上万个关节点，每一个关节点代表与中心主题的一个联结，而每一个联结又可以成为新的中心主题，再向外发散出成千上万个关节点，呈现出放射性立体结构，而这些联结实际上记录了思维发散的过程，形成了“思维地图”（见图 1－4）。

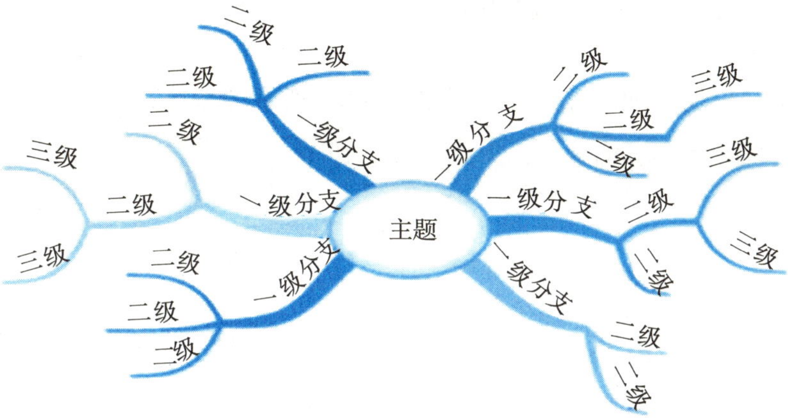

图 1－4　思维地图

思维导图借助放射性思维和联想，将一个中心主题的众多方面彼此间联系和延伸开来，引发新的关系。其要点是：

（1）将中心主题置于中央位置，整个思维导图围绕这个中心主题展开。

（2）围绕一个中心主题内容进行思考，画出各个分支，及时记录即时的想法。

（3）周围留有适当空间，以便随时增加内容。

（4）整理各个分支内容，寻找它们之间的关系。

（5）善于用连线、颜色、图形、箭头等表达想法和思维的走向。

专题训练

1. 右脑训练。

（1）用左手进行“石头剪刀布”的游戏，两人对练。

（2）用左手写字，每天坚持 10 分钟。

（3）现有 8 根竹棒，其中 4 根的长度是另外 4 根长度的两倍，如下图所示。请用这 8 根竹棒组成 3 个大小相同的正方形。

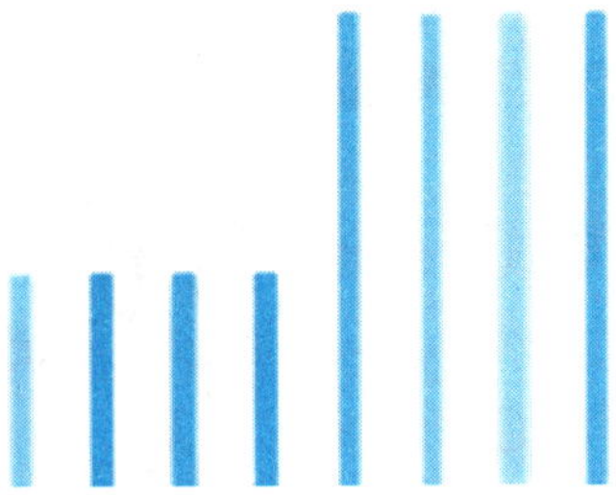

（4）即兴编一段曲折离奇的故事。

（5）结合所学专业，研究一个不太复杂的机器（如电脑主机等），了解它的用途、各个零件的部位及其相互之间的关系，并对它的原理进行分析。然后把它的零件一个个拆下来，再一个个装上去，直到你对机器的构造和原理了如指掌。

2. 制作思维导图。

根据中心主题“市场低迷中的创业机会”制作一张思维导图。

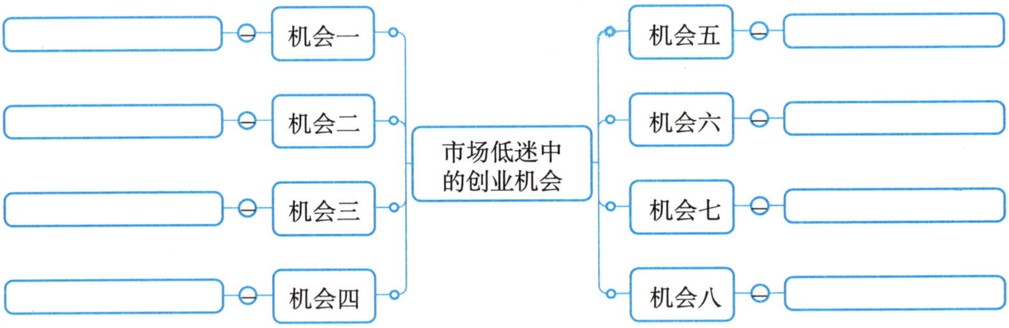

3. 测一测你的潜能。

请观察下图，并完成下列单选题。

（1）请看河上的两艘船。船向着桥洞驶去，你认为会怎样？（　　）

A. 通过桥下继续前进　　　　B. 碰到桥

C. 回头

（2）请注意隧道。路上有一辆汽车，这辆车是要驶入隧道，还是刚从隧道驶出？（　　）

A. 刚驶出隧道　　　　　　B. 正要驶入

C. 不知道

（3）你认为桥上的人正在做什么？（　　）

A. 眺望美丽的风景

B. 正在想水有多深

C. 正在寻找迷路的朋友

（4）请看远景中的大山，你想说的一句话是（　　）。

A. 好壮观的山啊

B. 看起来很像一张人脸

C. 看起来很像一个人的背影

（5）如果要你为这个地方取个名字，你认为下面哪一个最合适？（　　）

A. 迷失之乡

B. 梦幻之乡

C. 恶魔之乡

（6）在画中，你对下面的哪种事物印象最深？（　　）

A. 桥上的人

B. 远景中的大山

C. 两艘船

计分方法如下：A、B、C 分别对以下分值：（1）1　3　5；（2）1　3　5；（3）5　1　3；（4）1　3　5；（5）3　5　1；（6）1　3　5。

总分：6～11 分——A 型　　12～17 分——B 型

　　　18～23 分——C 型　　24～30 分——D 型

你具有哪种类型的潜能呢？快来看看吧：

【A 型】领导魅力强。你具有很好的领导素质，你会在群体之中不知不觉地成为众人推崇和请教的对象。这是因为你具备了领导者的潜力。在突发情况下，你不会失去判断力和勇气，因此会让周围与你接触的人产生信任感，具有较强的吸引力，越是给你重要的工作和任务，你越能发挥实力。

【B 型】行动力强。你是一个行动派，遇到事情，你不会挖空心思去制订五花八门的计划，而是会马上行动并期望得到相应的回报。若一项工作或者任务无法立竿见影地收获成果，你会比较急躁，你有强烈的锐气和闯劲，再艰难的任务，只要你下定决心去做，就会不惜时间和精力去投入。你比较适合挑战性强的职业。

【C 型】分析力强。你具有杰出的判断力，喜欢对事物进行详细分析，是一个“头脑清晰”的人，同时，你具备综合性的判断能力和分析能力，以及对于组织和团队的管理能力，所以你可在研究、分析、组织等方面，充分发挥自己的优势。你的主要才能体现在缜密性和持续性上，由于具备较强的处理事务的能力，你将会获得他人的好评和尊重。

【D型】灵活性强。你是一个很感性的人，具有较强的幻想力和创造性。你的直觉感很强，在行为上偏重跟着自己的感觉走。你需要事业上的知音，他的协助对你非常必要。有时候，你具有非凡的灵感力，在强调独创性和创造性的工作中，你常有出色的发挥。

精彩链接

创意作品欣赏

思维导图实例

本章综合训练

知识巩固练习

1. 请将本书的目录（创新部分）写入思维导图中，以便我们对所学课程（创新部分）有个整体了解。

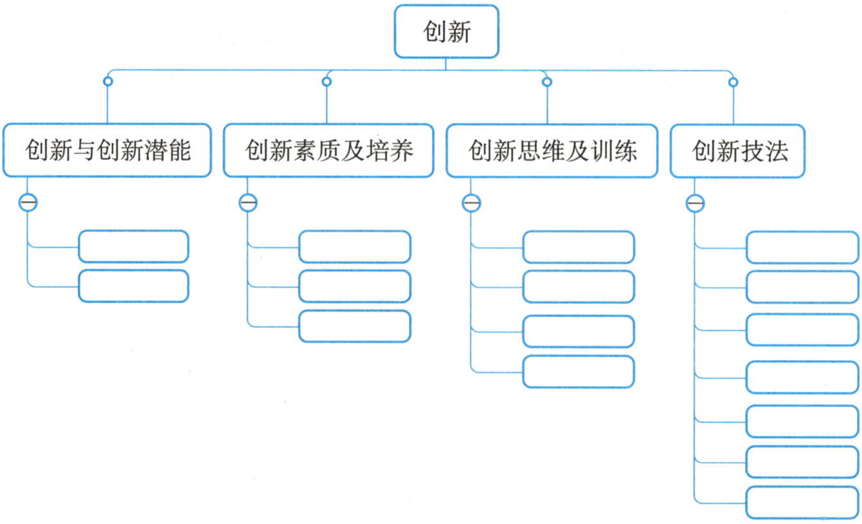

2. 连连看：

	计算
	音乐
左脑主管	语言艺术
	非逻辑思维
	逻辑思维
	情绪
右脑主管	空间管理
	时间管理

3. 许多人总认为自己没有创造力，创造力只属于少数有天分的人，你怎么看？

综合实践训练

创新游戏——创造象形文字

参与人数：5～7 人/组；时间：90 分钟；场地：室内；道具：纸、笔。

● 活动目的

1. 培养创造性地解决问题的能力。

2. 通过图画形态直接展示词汇含义。

● 规则和程序

1. 每 5～7 人一组，他们的任务是为 6 个词创造“象形文字”，这 6 个词是：愤怒、爱情、危险、恐惧、开心、烦心。

2. 每个词只能使用 4 条直线和一个圆来组合图形。直线的长短粗细不限，圆形的大小不限。

3. 设计的“象形文字”没有对错，唯一的要求就是要有新意，尽量让人一看就能明白。

● 活动步骤

1. 小组各成员将自己的想法和小组其他成员分享，然后小组成员利用头脑风暴法，不断完善和改进，最终设计出代表本组的作品。

2. 每组选出一名代表对他们设计的“象形文字”向全班进行介绍。

3. 在每组都做完介绍后，让大家评判出最好的组，进行表扬。

● 相关讨论

1. 什么样的创意会让你觉得眼前一亮？怎样才能想出这些好创意？

2. 如果没有规则限制？你能设计出更好的作品吗？

3. 当别人不理解你的作品时，你会如何解决？

● 总结分享

1. 设计成功的关键是要有好的创意作为灵魂，没有创意的作品或设计是不会有人欣赏的，寻找创意的方法有很多，其中头脑风暴法、自然联想法是最常用的，因为它们可以帮助设计者打破思维局限，让想象力自由地驰骋，从而获得好的创意。

2. 对于一件作品来说，创意并不是唯一重要的，好的构想和理念还需要被人理解和接受，因此，我们还要学会向他人介绍自己的构想和理念，并在这种互动中不断完善和改进自己的作品。

拓展训练

我还能做什么

创新的一个关键性前提就是要打破旧思维的约束。在本游戏中，我们通过发掘自身拥有却没有认识到的能力，可以帮助我们重新审视自己的能力，从而实现在学习和工作中的创新。

参与人数：集体参与；时间：30 分钟；场地：不限；道具：无。

● 活动目的

1. 充分认识自己的能力。

2. 扬长补短。

● 规则和程序

1. 你能做什么？你具有哪些方面的能力？事实上每个人都具有多种能力，只要认真探索，你就会惊讶地发现自己竟然如此多才多艺。

2. 请学生在空白纸上填写：

（1）在纸上列出你曾经成功完成的工作（如办一项社团活动、考试前五名、玩电动游戏超过原来的纪录），想想完成这些工作需要具备哪些技能。

（2）回顾你所曾受过的教育、所修的课程，在这些过程中，你学会了哪些技能，将它们列下来。

（3）想想你平时常常从事的活动，列出这些活动需要具备的技能。

（4）请回想你在学习生活中所经历的一次高峰体验（意指很快乐、很感动的一刻），与同学分享这次体验，分析在其中显示了你的哪些能力，并列出来。

3. 将学生按 4 人一组进行分组，分享彼此所列的能力表，同时互相讨论与这些能力相关的职业有哪些。

4. 最后老师告诉大家，每个人都有自己的发光点，切勿妄自菲薄，轻视自己的能力。

● 相关讨论

1. 游戏一开始你是否觉得自己的某些技能不值一提？玩了一段时间之后呢？

2. 这个游戏对于我们寻找合适的工作有什么帮助？

总结分享

1. 也许有人认为能把电动游戏玩到破纪录也没有什么了不起的，但是实际上玩电动游戏需要大脑、手指等多方面的配合，所以不要轻视这些看似简单的事情，因为你的一生中的大多数时间都在与大脑、四肢等的配合打交道，其在某种程度上反映了你的身体协调能力的状况。

2. 只有认识到自己还能做一些平时想都没想过的事情，才能帮助我们更好地发挥自己的能力，也才有可能做出一些创造性的业绩。

第二章

创新素质及培养

人之所以成为世界主宰，是因为会创造。

学习目的

1. 了解创新素质的内涵及重要性，理解创新在当今时代所具有的重要意义，以及在职业发展中的重要作用。

2. 了解创新者需具备的各种素质，积极培养自身的创新习惯，提高自己的创新能力。

3. 在学习、生活及以后的工作中，培养坚定的意志，勇于探索的精神，独立思考和判断的心理品质。

内容描述

创新素质是一种能够灵活运用多种方式方法去创造新事物、解决问题的高级的、复杂的综合能力素质，包括创新精神、创新品质、创新能力。创新精神属于科学精神和科学思维范畴，包括勇于探索的精神、胆识、好奇心等内容；创新品质集中表现为人们在创新活动中表现出的意志、情感、自信心等精神状态；创新能力是人类突破旧认识、打破旧事物，探索新认识和创造新事物的能力。

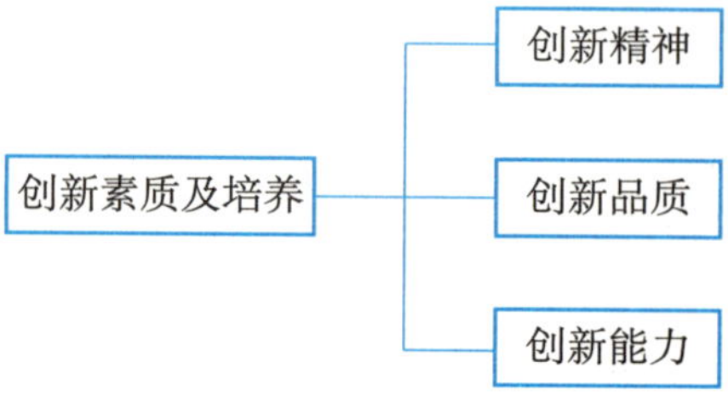

第一节 创新精神

案例

小学生发明“克隆如意瓜果模”

陈陈只有8岁，上小学三年级。有一天，陈陈吃完西瓜，问父亲，西瓜是怎么长出来的呢？父亲说，只要你将吐出来的西瓜籽种到地里，过不了多久，就会长出西瓜苗，并慢慢结出西瓜来。

父亲只是简单地介绍了西瓜的生长知识，但好奇的陈陈却行动了起来。

陈陈按照父亲的介绍，将西瓜籽种了下去。不久，小西瓜就长出来了，陈陈很高兴。谁知，一天早晨，陈陈发现拇指大的小西瓜被老鼠吃掉了两个，心里难过极了。陈陈向父亲讨教办法，父亲让陈陈自己去思考。陈陈想，得想个办法将小西瓜保护起来。于是，他找来几个玻璃瓶，将小西瓜一一套起来，让老鼠吃不到。

几天时间过去了，日渐长大的小西瓜让瓶颈卡住出不来了。陈陈想，再过几天，看看小西瓜成长的力气有多大，能不能将玻璃瓶胀破。却也怪了，一个星期过去了，小西瓜没有胀破瓶子，而是顺着瓶子的边缘继续生长，变成了圆柱体西瓜。真好玩，真好玩，陈陈高兴极了。他继而又想，如果用四方形的瓶子、小葫芦，能不能长出四方形、葫芦形的西瓜呢？对了，学校秋季开学要举办运动会，能不能种几颗“运动会标志”的西瓜或体育明星样子的西瓜呢？还有，西瓜的形状可以人为控制，其他瓜果能不能呢？

好奇心促使陈陈提出一大串问题，也思考了一大串问题。在思考中，他做了大量实验，得到了很多收获。结果陈陈越思考越有所得。在父亲的帮助下，陈陈提出了“克隆如意瓜果模”的创意，并向国家申请了专利。

思考讨论

1. 陈陈为什么能够成功？
2. 我们身边有哪些“小发明”“小创意”？盯住小东西，大胆提出自己的设想。

一、 什么是创新精神

创新精神是指综合运用已有的条件、信息、技能、途径，提出新方法、新问题的思维能力和进行发明创造、改革的精神、信心、勇气等。创新精神作为一个系统概念，它大致包含以下要素。

1. 勇于探索的精神

勇于探索是指我们在创新过程中遇事要大胆果断、勇往直前，敢于承担责任，敢于坚持自己的梦想，不畏艰难险阻，不是稍有成就或进步就满足、就止步，而是坚持不懈，要有不达目标绝不罢休的精神。

名人事迹

哥伦布（意大利）——发现新大陆
麦哲伦（葡萄牙）——环绕地球航行
斯文·赫定（瑞典）——发现楼兰古城
皮尔里（美国）——第一个到达北极
阿蒙森（挪威）——第一个到达南极点
阿姆斯特朗（美国）——第一个踏上月球

英国著名作家萨克雷曾经说过：勇敢，世界就会让步。如果有时候你被它打败了，只要你不断地勇敢再勇敢，它就会屈服。只有具有探索精神才能克服一切困难，在创新的路上走得更远，因为未知领域是无止境的，探索也应无止境。

2. 胆识

在创新过程中可能会遇到很多困难和阻力，如传统观念、公认的权威及舆论的压力等都会束缚我们的思想，这就需要我们有足够的勇气和胆量，去克服这些障碍。

美国心理学家斯科特·派克说：不恐惧不等于有勇气；勇气使你尽管害怕，尽管痛苦，但还是继续向前走。在人生的尝试中，我们可能会遇到许许多多的困难和挫折，但是千万不要放弃。机遇对于每个人来说都是平等的，只有拥有无所畏惧的勇气并战胜一切苦难的人才有可能取得成功。

3. 好奇心

好奇心是指喜欢追求新奇事物，表现出对未知、新奇或尚未有结论的事物的追求、兴趣和积极探寻的心理倾向。华裔物理学家丁肇中指出，好奇心是科学研究的原动力。同时，好奇心也是我们创新的动力源泉，在好奇心的驱使下，人们往往能够发现通常不易察觉的现象和问题，更好地探究事物的本质，提高我们自身的创新能力。

一个有趣的测试

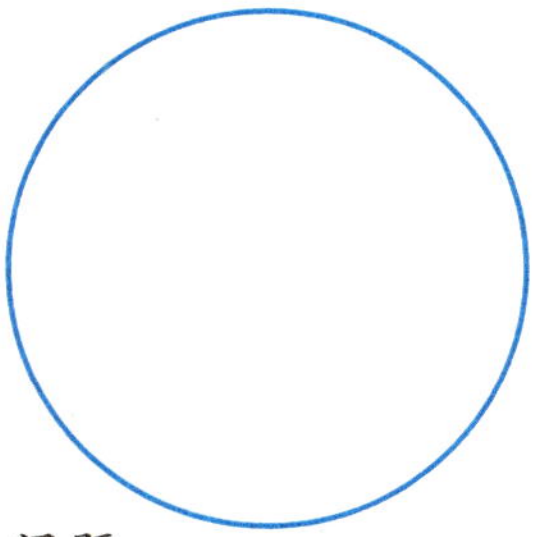

一位培训师做了一个有趣的测试：用粉笔在黑板上画了一个圆圈，请被测试者回答：这是什么？

在小学一年级，小朋友们异常活跃地回答："句号""月亮""烧饼""乒乓球""老师生气的眼睛""我家门上的猫眼"……问到初中同学时，一位尖子生举手回答："是零"，一位后进生喊道："是英文字母O"，他遭到了老师的批评。当问到大学生时，他们哄堂大笑，拒绝回答这个只有傻瓜才会回答的问题。

当问到机关干部时，他们面面相觑，用求救的眼光瞟着在场的领导。领导沉默良久说："没经过研究，我怎么能随便回答你的问题呢？"

这似乎是一个笑话，但这不就是我们"通过学习"后的结局吗？越学，越不敢想象，越把自己禁锢在书本中，思维也就越萎缩，最终成为不敢想、不敢说的人，于是被称为"成熟"。请你发挥想象，说说这个圆圈还像什么？

4. 严谨的逻辑性

逻辑通常指思维的规律和规则，是对思维过程的抽象。只有我们的思想具有一定的逻辑性，把握思维的规律，才能透过现象看到本质，抓住事物的本质和规律，才能真正提高我们的创新能力。任何创新都必须遵循事物本身的规律，没有无规律的创新，否则，创新也就无法实现。

万能溶液

一位年轻人想到大发明家爱迪生的实验室里去工作。一天，他去求见爱迪生。爱迪生接见了他，并问他对科学发明有什么见解。这位年轻人满怀信心地说："我想发明一种万能溶液，它可以溶解一切物品。"爱迪生听罢，惊奇地问："那么你想用什么器皿放置这种溶液呢？它不是可以溶解一切物品吗？"年轻人哑口无言。

为什么这位年轻人听了爱迪生的话就哑口无言呢？因为爱迪生指出了他的话语中的逻辑错误。盛放"万能溶液"的器皿，至少是这种溶液所不能溶解的，这样"万能溶液"就不能溶解一切物品，也就不能称为"万能"了。

5. 独立自主

创新活动本身是一项独特的探索活动，活动涉及的问题往往是前人从未涉及的领域，活动所具有的成果也是之前所没有的，具有很大的独特性和唯一性，因此具有一定的难度，所以需要我们具有独立自主的性格。美国作家爱默生曾经说过：要独立思考，不要人云亦云。走别人的路，永远不会有成就，只有独立思考，才能产生新思想、新成果、新发现，才能具有开拓精神，并有所收获。

二、 影响创新的几个常见障碍

1. 心理定式——束缚思考

心理定式是指某一特定活动之前的准备状态，它决定了同类活动后续心理的发展趋势。根据以往的经验，缺乏对事物的独立思考，往往容易做出错误的选择。这是创新的大忌，创新就是要摆脱这种心理定式，如此才会产生新思想、新方法。

烤火腿

珍妮在烤火腿时，总是将火腿的两头切除后才放进烤箱烧烤。小英看到这种情况很不理解，这么大的烤箱足够放入整只火腿，为什么要将两头切除呢？难道是如此做比较容易烧透吗？小英问珍妮为什么，珍妮说是她妈妈教她如此做的。小英再去问珍妮的妈妈为什么，珍妮的妈妈说是珍妮的外祖母教她如此做的。小英再去问珍妮的外祖母，外祖母说因为当年烤箱太小放不进整只火腿，所以必须切除火腿的两头。

在面对问题时应学会从不同的角度去思考，以积极的心态展开合理的想象去追求解决问题的方法，否则创新活动就无法突破固有的思维框架，自然也就很难有创新性成果的诞生。

2. 从众心理——失去个性

从众心理是指个人受到外界人群行为的影响，而在自己的思考、认识、行为上表现出与公众舆论或多数人的行为方式一致。在现实生活中确实大部分人都具有从众心理，只有少部分人保持了独立性，而真正具有创新发展潜力的人就是这些具有独立思考能力的人。所以，我们在生活中应积极培养自己独立思考问题的能力。

羊群效应

一位石油大亨去参加会议，一进会议室发现已座无虚席，没有地方落座了。于是他灵机一动，喊了一声：“某地发现石油了！”这一喊不要紧，会议室里的石油大亨们纷纷向某地跑去，很快，会议室里就只剩下那位后来的了。这时，这位大亨心想，大家都跑过去了，莫非某地真的发现石油了？于是，他也急匆匆地向某地跑去。

羊群效应通常用来比喻人们的从众心理。从众心理很容易导致盲从，而盲从往往会陷入骗局或遭到失败。

3. 崇尚权威——禁锢思维

在创新路上会有很多障碍，其中如何突破权威就是我们面临的其中一个，权威包括传统型权威、个人魅力型权威、法理型权威。传统型权威来自传统观念及舆论压力，个人魅力型权威来自个人威望，法理型权威来自框架束缚。

一流的指挥家

日本的小泽征尔是当代著名的音乐指挥家。一次，他去欧洲参加指挥家大赛。在进行前三名决赛时，他被安排在最后一个出场。评委会交给他一张乐谱。小泽征尔以世界一流的指挥家风度，全神贯注地挥动指挥棒，指挥一支世界一流的乐队，演奏具有国际水平的乐曲。

演奏进行中，小泽征尔突然发现乐曲中出现了不和谐的地方。他想：难道是演奏家们演奏错了？于是他指挥乐队重新演奏了一次，但是他仍然觉得不自然。

这时，在场的作曲家和评委都郑重声明乐曲没有问题，是小泽征尔的错觉。面对几百名国际音乐权威，小泽征尔考虑再三，坚信自己的判断是正确的，于是大吼一声："不，一定是乐谱错了！"他的话音刚落，原来十分高傲的评委们立即站起来向他报以热烈的掌声，祝贺他大赛夺魁。

原来，这是评委们精心设计的，目的是试探指挥家们在发现错误的情况下，能否坚信自己的判断。因此他们一致认为，不具备这种素质的人，是不可能成为世界一流音乐指挥家的。前两位参赛者虽然也发现了问题，但是受环境影响而放弃了自己的正确判断；只有小泽征尔坚信自己而又不肯附和权威们的意见，从而获得了这次大赛的桂冠。

在创新过程中要坚持自己的想法，并大胆尝试，才能有新发现、新成果。心理学家鲁宾斯坦说过：思维总是始于问题。不要因为权威而束缚自己的思想，一切创新都源于问题意识，对权威的崇尚将导致敬畏心理的发展，从而禁锢创新思想的产生。

4. 浮躁心理——丧失机遇

浮躁心理通常表现为：这山望着那山高，静不下心来，耐不住寂寞，稍不如意就轻易放弃，从来不肯为一件事倾尽全力，等等。比如看书时，自己静不下心来，即使强迫自己看下去，意识也只是在字面上一掠而过，也就是说，只是具备了一个看书的姿态和形式，而实际效果则为零。

一事无成

从前，一个老员外有个二十岁的儿子。老员外想，儿子已经长大了，应该让他学点本领。这样，他就送儿子走上了外出求学的路。路上，儿子边走边想，应该学点什么呢？正在这时候，他看到一家卖家具的店铺，里面的家具很精美，也很别致。他就想，学木匠吧。于是，他就拜师学上了木匠。没用几天时间，师傅就教会了他如何做桌、椅、板凳，他觉得木匠活太简单了，自己已经学会了，就谢绝了师傅的挽留，去找他认为更好的手艺去了。

他又看到一家卖兵器的店铺，里面有刀、枪、剑、斧等各种铁制兵器，他便想学打铁，结果只几天时间，他就觉得打铁太辛苦、太枯燥，就离开了铁匠铺，去学新的手艺去了。就这样，他相继学了烹饪、理发、写诗、画画等，但每学一样不是学会了一点就不学了，就是因为太辛苦，学不下去了。

十年后老员外一看儿子回来了，很高兴，认为儿子已经学有所成了，就让儿子给家里打一些家具，但儿子除了会做桌、椅、板凳以外，别的就都不会做了，因为他没学过呀！再让他做其他事情，也都只会那么一点点，老员外感到很失望，也很伤心，说儿子白白地浪费了十年。

为什么老员外的儿子会一事无成呢？可能有人会说，是因为他学习缺乏恒心；也有人会说，他学习不扎实、不深入；还有人会说，他见异思迁，好高骛远等。是的，这样简单的问题对于我们来说，都能说出个一二来，但把这些原因概括起来，就是两个字：浮躁！

任何成功都不是轻而易举就能获得的，需要坚韧不拔地付出，才会有所收获。创新是一个极其艰辛的过程，容不得半点浮躁与懈怠，要想成功，唯有锲而不舍、百折不挠地努力。

5. 自卑心理——错失良机

大量事实证明，自信心强的人，可以获得更多的机会甚至自己创造机会，成功的可能性会更大。而自卑的人往往认为创新只属于特别有天分的人，与自己无缘，从而循规蹈矩，以至于错失良机，而很难展示自己的才华，并常常怨天尤人，最终导致自暴自弃，与创新无缘。自卑的常见表现包括：我天生就不是那块料；我从小就笨，不如别人聪明；我肚子里的“墨水”太少，搞不了创新；我是女生，怎么也不如男生；我的情况特殊，没有别人条件好；等等。

父子和驴

父子俩牵着一头驴进城赶集，一位行人说：“这父子俩真笨，怎么不骑在驴背上走呢？”父子俩听了，父亲就让儿子骑在驴背上，牵着驴子走。这时过来一位老人，她说："这个儿子真不孝，自己骑在驴背上，让父亲在地上走。"父子俩听了，儿子赶紧下驴，让父亲骑在驴背上，牵着驴子走。一位妇女看见了说："这个当爹的真狠心，自己骑驴，让孩子在地上走。"父子俩听了，干脆两人都骑在驴背上。这时，又过来一位和尚，见了说："这父子俩太残忍了，就不怕把驴子压坏呀！"父子俩听了，就赶紧下来，两人于是扛着驴子走。

这时一群孩子走过来说："这两个人真有意思，把驴子扛着走，恐怕神经有问题。"

这就是没有自信，没有思想，把自己的命运交给别人安排的典型。所以，我们要相信自己，坚持自己的思想，做最好的自己。

专题训练

1. 请用一把直尺测量球的半径，方法有很多，看谁的方法巧妙。

2. 1=5；2=15；3=215；4=2 145；那么 5=?

3. 24 个人排成六列，每 5 人一列，该怎么排?

4. 一间牢房里关着两个犯人。每天监狱都会为这间牢房提供一罐汤，让这两个囚犯自己来分。起初，这两个人经常会发生争执，因为他们总认为对方的汤比自己的多。后来他们找到了一个两全其美的办法：一个人分汤，让另一个人先选。于是争端就这么解决了。现在这间牢房里又进来一个新犯人，现在是三个人来分汤。必须寻找一个新的方法来保持他们之间的和平。该怎么办呢?

5. 一个人花 8 块钱买了一只鸡，9 块钱卖掉了。后来他觉得不划算，于是花 10 块钱又买了回来，11 块卖给了另外一个人。请问他赚了多少?

6. 一楼到十楼的每层电梯门口都放着一颗钻石，钻石大小不一。你乘坐电梯从一楼到十楼，每层楼电梯门都会打开一次。怎样可以一次拿到最大的那颗钻石呢?

7. 如下图所示，有 6 个玻璃杯在桌上排成一排。前 3 个杯子里有水，后 3 个杯子是空的，要求只移动或变换 1 个杯子，使杯子由"水—水—水—空—空—空"的排列次序变成"水—空—水—空—水—空"的排序。

8. 下题是一道典型的突破思维框架的练习题。

9 个等距的小圆圈组成了一个正方形，如下图所示：

（1）用 4 条连续的直线一笔连起来。

（2）用 3 条连续的直线一笔连起来。

（3）用 2 条连续的直线一笔连起来。

（4）用 1 条连续的直线一笔连起来。

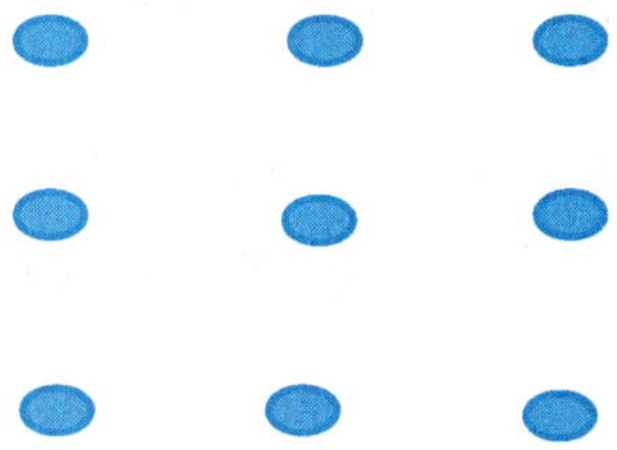

9. 有一根 0.5 米长的绳子，要求用手抓住绳的两端后不能松开，在绳上打一个结。（你做成功了吗？看起来很简单的事，为什么做不出，体验到自己的思维定式了吗？试着换几种抓法看能否实现）

10. 一根两头粗细相同的透明塑料软管，里面装有 5 个直径比管子内径小一点的弹球，其中最中间的一个是黑球，其他的全是白球，如下图所示。你能在不倒出白球又不破坏管子的情况下，取出黑球吗？

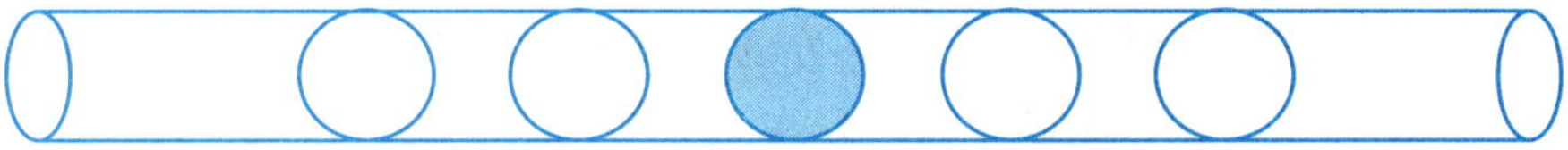

11. 24 个人排成 6 列，每 5 人 1 列，请问应怎么排？

12. 桌子上放着 12 枚硬币，如下图所示，现要将它们重新摆放，使桌子每边有 5 个硬币，请问应怎样摆放？

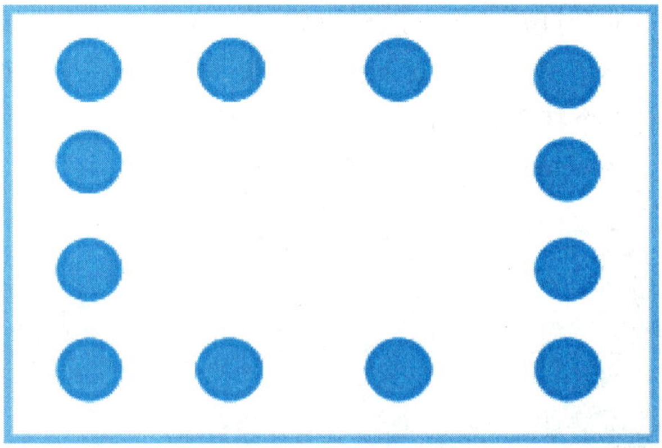

13. 下面算式中的字母分别代表数字 0、1、2、3、4、5、6、7、8、9，其中 D=5，请算出其他字母所对应的数字。

$$\begin{array}{r} DONALD \\ +\ GERALD \\ \hline ROBERT \end{array}$$

14. 在一起凶杀案中，有 4 个犯罪嫌疑人，分别是王一、赵二、张三和李四。警察询问了他们，他们的回答如下：

王一说："赵二是凶手。"

赵二说："李四是凶手。"

张三说："我没有杀人。"

李四说："赵二在撒谎。"

假如这 4 个人中只有一个人说的是真话，那么请问谁是凶手？

15. 智者韦伯与富翁杰米订了一个合同：在 1 个月内，韦伯每天给杰米 10 万元，杰米第一天回报韦伯 1 分钱，但此后每天的回报数额应是前一天的两倍。杰米高兴极了，暗笑韦伯是个大傻瓜，且一再坚持要持续 3 个月。韦伯笑笑说："我钱不多，先来一个月吧；到时你如果还有兴趣，我会奉陪的。"请问：韦伯与杰米谁才是赢家？为什么？

16. 突破思维定式的游戏——"唱反调"。

是什么阻碍了我们的创造力呢？其中之一就是我们在过去的经验基础上所形成的思维定式。下面跟着老师一起来做思维训练。

（1）先起立，讲解站姿要领。

（2）听口令，集体完成。

规则：改变平时习惯，改变常规思维，做出与口令相反的动作。

口令：

（1）坐下。

（2）向左看。

（3）向后看。

（4）举左手。

（5）点头。

（6）摇头。

（7）双手放下。

（8）低头。

（9）起立。

第二节 创新品质

案例

八旬老人发明生态房

厦门市80岁的退休老人蒋周操苦心研究近50年，发明了节能环保“生态房”。目前已建成两座，一处位于厦门市湖滨一里花卉市场门口，另一处位于厦门市环岛路的景观绿化带。这种被蒋周操称作“镶接组装式隔热绿化生态房”的小屋子，以钢架为柱，内壁贴有铝塑板，外壁架上放着立体绿化盆，依靠一套小型的自动化微灌系统，不仅四面墙壁长满了绿色植物，连房顶上也是绿草如茵。据蒋周操介绍，“生态房”能够起到造氧、吸收废气、隔热、降温、通气等作用。

思考讨论

1. 你能下决心用50年来研究感兴趣的问题吗？
2. 从蒋周操老人的发明中你能看到哪些商机？
3. 蒋周操老人身上有哪些品质值得我们学习？

创新品质是每一个创新者在创新过程中表现出的特有心理特征，它使每个人的潜在能量得以发挥，并表现出个体的差异性，从某种程度上说，创新差异主要体现为创新品质的差异性。创新品质主要包括动力品质、人格品质等方面。

一、 动力品质

创新的动力品质即创新动机，是指创造者在需要的基础上产生的从事创新活动的内在驱动力。它使人们朝着期望的目标努力，影响着创新活动的进行，并以活动的形式表现出来。离开动力品质谈创新，创新便失去了生机与活力，就像汽车没有发动机，永远只能停留在原地，无法推动创新进一步发展。创新的动力品质主要包括兴趣爱好、意志力等。

1. 兴趣爱好

兴趣爱好是指一个人积极探究某种事物及喜爱某种活动的心理倾向，是影响创新过程最积极、最活跃的因素。它通常表现为人们对某种事物极大的热情。

名家故事

达·芬奇从小喜欢画画，最后成为了画家。

牛顿看到苹果从树上落下，引发了兴趣，经过仔细研究发现了万有引力。

爱迪生从小爱好做实验，最终成为了大发明家。

匡衡因对读书有浓厚的兴趣而凿壁借光，最终成了一个很有学问的人。

王羲之从小爱好书法，最终成为了大书法家。

2. 意志力

意志力是指人们有计划、有目的、有意识地调节和支配自己行动的心理过程。坚定的意志力对创新活动的进行具有非常重要的作用，因为创新之路障碍重重，面对失败时是否能够坚持下来往往是成功的关键所在。

二、 人格品质

创新人格品质通常表现为创新型人才的个性品质，它是具有创新活动倾向的各种心理品质的总和。创新活动具有很大的独特性和唯一性，它探索的问题往往是前人从未涉及的，因此具有一定的难度。所以，要进行创新活动，需要我们具备良好的人格特征。

创新人格品质是一种精神状态，它在创新过程中主要表现为冒险性、独立性、合作性、开放性、责任感、自信心。

1. 冒险性

冒险性是指不满足于现状，不轻易满足现有成果，不受传统思维与舆论压力的束缚，不迷信于权威及专家观点并敢于向其挑战，勇于开拓、不断进取、不懈追求的精神。

海尔总裁张瑞敏曾说过：有 50%的把握就上马，有暴利可图；有 80%的把握才上马，最多只有平均利润；有 100%的把握再上马，一上马就会亏损。在现代社会，不敢冒险就是最大的冒险。没有超人的胆识，就没有超凡的成就。胆商是使人从优秀到卓越最关键的因素。

不要怕！ 有何怕

一个年轻人离开故乡，准备去创造自己的事业，实现人生的梦想。他动身的第一站，是去拜访本族的族长，请求指点。他问族长：“我的一生不能平庸，我不愿与草木同朽，我要与日月同辉，我要建立丰功伟绩，我该如何去做？”

老族长写了三个字：不要怕。然后抬起头来，望着年轻人说：“孩子，人生的秘诀只有六个字，今天先告诉你三个。”

十年后，这个年轻人建立起一个超级商业王国，取得了巨大的成就。他衣锦还乡，又去拜访老族长。可老族长几年前就去世了，家人取出一封密信对他说："这是老族长生前留给你的，他说有一天你会再来。"

他这才想起，十年前，他在这里听到的只是人生的一半秘诀。他拆开信封，信纸上赫然显示着三个大字：有何怕！

2. 独立性

独立性指的是创新者在创新过程中能够独立进行思考和判断的心理品质。具有独立性的人在思考和处理问题时，能够坚持自己的主见，思维和行动很少受他人与外在环境的影响，能够充分挖掘自己的创造潜能。而缺乏独立性的人往往具有较大的依赖性，很难突破传统权威，循规蹈矩、人云亦云，这样的心理将严重制约创新活动的开展。

你有没有这样经历

一位老师打算让一位研究生去购买一些实验器材，列好清单后，就交给了他。这位学生拿到清单后的第一个反应就是问老师："这些东西到哪儿去买？"老师说："医疗商店。"学生又问："医疗商店在哪里？"老师又答道："可能在新街口方向。"然后，学生就骑着自行车去了。约一个半小时后，他回来了。老师问他："买到没有？"他说："这家医疗商店我找到了，可是没有。"老师很吃惊："既然没有，难道你不能找第二家吗？"他很自然地说："第二家在哪里呀？"

这是典型的依赖心理，这种人缺乏独立思考及解决问题的能力。想一想自己曾经是否有过类似的经历。

3. 合作性

合作共赢，众所周知。合作不仅是一种积极向上的心态，更是一种智慧。一个人，纵使才华横溢、能力超群，如果不能较好地融入社会，不善于跟周围的人沟通、协作，他就很难取得成功，更难以实现自己的目标与理想。

两头驴

两头驴被一根绳子拴住了，它们的两边各有一堆草。它们反向走各自去吃自己这边的草，可是绳子不够长，两头驴都吃不到各自方向的那堆草。经过思考，它们共同协作先吃一边的草，再吃另一边的草。

在此，它们能看到共同的利益而进行协作。如果它们互不相让，只看到自己眼前的利益，将谁也吃不到草。

4. 开放性

在知识经济时代，我们除了需要合作，还需要保持一个开放的心态。扩大自己的人际交往范围，虚心向他人学习，这样才能积累到丰富的信息；相反，缩小自己的人际交往范围则会阻碍信息的流动和知识的“交叉繁衍”，导致个体创造力下降。此外，开放性还表现为人们思想观念的与时俱进。

开放共赢

360 开放平台秉承开放共赢的理念，依托 360 过亿的互联网用户以及自身的平台优势，构建了一个厂商与 360 共存、共赢、共发展的良性生态系统。

该平台从产品接入、用户导入、运营、安全、云服务、游戏上线支持等方面全方位、多角度给予应用厂商最大的帮助，帮助应用厂商提升经营能力，拓宽商业渠道，提高运营效率，为中小型内容提供商搭建了一条快速便捷的成功之路。

5. 责任感

责任感是任何事业成功的必备条件，因此它也是创新人格的重要组成部分，并在其中起着激励性的作用，促使创新者不断将工作推向新的高度。列夫·托尔斯泰曾经说过：一个人若是没有热情，他将一事无成，而热情的基点则是责任心。因此，要培养一个人的创新人格，首先应培养他的责任感。

历经 80 年的责任

武汉市鄱阳街有一座建于 1917 年的 6 层楼房，该楼的设计者是英国的一家建筑设计事务所。20 世纪末，也即那座叫作“景明大楼”的楼宇在漫漫岁月中度过了 80 多个春秋后的某一天，它的设计者远隔万里，给这座大楼的业主寄来一份函件。函件告知：景明大楼为本事务所在 1917 年所设计，设计年限为 80 年，现已超过使用年限，敬请业主注意。

6. 自信心

自信心是一种反映个体对自己是否有能力成功地完成某项活动的信任程度的心理特性。只有相信自己能够克服困难，相信自己能够成功，才会付诸实践，才能创造奇迹。反之，一个不相信自己、做事畏首畏尾、犹豫不决的人，终将一事无成。正如德国哲学家黑格尔所说：自卑往往伴随着懒惰。懒惰的人往往只会在平庸的生活中苟活下去。自信心是创新者人格品质中最重要的组成部分，这就要求我们必须重视自信心的培养。

挖掘自己的自信

有一个孤儿，生活无依无靠，他很迷惘和彷徨，只好四处流浪。

他走进一座寺庙，拜见那里的高僧。孤儿说："我什么手艺都没有，该如何生活啊？"高僧说："那你为什么不去做呢？""像我这样的人能做什么呢？"孤儿说。高僧把他带到后院里一堆杂草丛生的乱石旁，指着一块陋石说："你把它拿到集市上去卖吧。但要记着，无论多少人出多少钱买这块石头，你都不要卖。"

孤儿抱着石头来到集市，在一个不起眼的地方蹲下来。可是，那是一块陋石啊，根本没有人把它放在眼里。第一天过去了，第二天过去了。第三天，有人开始来询问。第四天，真的有人来买这块石头了。第五天，那块石头已经能卖到一个很好的价格了。

孤儿去找高僧，高僧说："你把石头拿到石器交易市场去卖，但要记住，无论多少钱都不要卖。"

孤儿把石头拿到石器交易市场。三天后，渐渐有人围过来问。接着，问价的人越来越多，石头的价格已被抬得高出了石器的价格，而孤儿依然没有卖。越是这样，人们的好奇心越大，石头的价格也就越高。

孤儿又去找高僧，高僧说："你再把石头拿到珠宝市场去卖……"

又出现了同样的情况，以至于到了最后，石头的价格已经被炒得比珠宝的价格还要高了。

孤儿又去找高僧，高僧说："世上人与物皆如此，如果你认定自己是一块不起眼的陋石，那么你可能永远只是一块陋石，如果你坚信自己是一块无价的宝石，那么你就是。"

有了充足的自信心就有了向前冲的力量，很多不可能的事情在这种自信的力量面前也会俯首称臣。自信的力量不会自己送上门，要想得到它，就要自己去找，去发现。

专题训练

完善创新性人格

请阅读下面的材料，并回答问题：

在心理学中，人格也称个性，是指一个人比较稳定的个性倾向和个性心理特征的总和，它反映着一个人独特的心理状态。创新性人格一般包括理想、信念、意志、情感等，它是在后天的学习和生活中逐渐培养起来的，对促进人的创造力的发展起着导向和决定作用。

吉尔福特认为，高创新性人格通常具有以下特点：

(1) 有高度的自觉性和独立性；

(2) 有旺盛的求知欲；

(3) 有强烈的好奇心，喜欢探究事物的运行机制；

(4) 知识面广，善于观察；

(5) 工作中讲究条理性、准确性、严格性；
(6) 有丰富的想象力，敏锐的直觉，喜好抽象思维，对智力活动与游戏有广泛的兴趣；
(7) 富有幽默感和卓越的文艺天赋；
(8) 意志品质出众，能排除外界干扰，长时间地专注于某个感兴趣的问题。

了解了创新性人格的特点，我们就可以对照自我，不断进行调整与完善。

1. 在创新性人格所包含的诸多要素中，你认为最重要的是哪一个？

____

2. 目前你最需要改进的是：______________________________

3. 你的行动计划是：______________________________

____

第三节 创新能力

案例

可口可乐的经营法则

美国商人很有经营头脑。他们做买卖时不是直接卖给你，而是先给你吃个果子，然后再让你自愿往外掏钱。

美国可口可乐公司为了打开可口可乐在中国的市场，不是一开始就向中国倾销商品，而是采取“将欲取之，必先予之”的办法：先无偿向中国粮油进出口公司提供了价值400万美元的可乐灌装设备，花大力气在电视上做广告，提供低价的浓缩饮料，吊起你的胃口，使你乐于生产、推销美国的可乐。

而一旦市场打开之后，再要进口设备和原料，他就要根据你的需求情况调整价格抬价收钱了。短短几十年，美国的可口可乐风行中国，美国商人赚足了钱，而前期无偿提供给中国的设备早已不知收回多少倍利润了。

思考讨论

1. 通常情况下，人们是如何做营销的？可口可乐公司是怎么做的？为什么会成功？
2. 看了这个案例，你有什么启发？

一、 什么是创新能力

创新能力是指运用知识在各种认识和实践活动中不断提供具有各种价值的新思想、新理论、新方法和新发明的能力。对个人而言，创新能力是指在认识和实践活动中发现问题、解决问题并取得新颖成果的能力。一个人创新能力的强弱，主要受其所掌握的专业知识与技能和创新智力因素两方面的影响。

1. 专业知识与技能

专业知识与技能是创新能力的基础，每个人所具有的不同领域的专业知识和技能形成了不同领域的创新能力。所以只有深入了解某一行，才有可能创造出有价值的成果。否则，创新就是无源之水、无本之木了。知识越丰富，技能越精湛，创新的可能性就越大，所以我们必须认真积累自己的专业知识与技能，为创新奠定基础。

2. 创新智力因素

创新智力因素是创新活动能否展开及顺利进行的重要保证。在我们掌握专业知识与技能的同时，还必须具备敏锐的观察力和灵活多变的创新思维，这样才能够进行创新。否则，就是读死书，生搬硬套，很难有新发现。因此，创新智力因素决定了创新目标能否实现以及创新能力的大小。一般来说，它主要包括敏锐的观察力、丰富的想象力、创新思维等方面。

（1）敏锐的观察力。我们从外界获取的信息，大多是通过对身边的事物进行观察获得的。拥有敏锐的观察力，才能更好地发现事物中存在的问题，并为探究问题、解决问题做好准备。学会观察并在观察中思考，找到事物内在的联系，才能顺利发挥自己的创新潜能去解决问题。

你能找出几张脸

在下图中，你能找出几张人脸？

(2) 丰富的想象力。想象是人对头脑中已有的表象进行加工改造，创造出新形象的心理过程。想象力是创新能力中最为活跃的因素之一。只有拥有丰富的想象力，才能打开自己的思维，突破现有条件的限制，实现更多的创新成果。爱因斯坦说过：想象力比知识更重要，因为知识是有限的，想象力则能概括世界上的一切。

(3) 创新思维。创新思维是一种以新颖的方式或多角度的思维获取有价值的新成果的思维活动。创新思维是创新能力的核心，一切创新活动都是在思维引导下进行的。创新思维不同于一般思维，它要求我们跳出传统思维定式，巧妙运用各种新颖的思维方式解决看似不可能解决的问题。

一个问题　多个角度

有这么一个故事：一位农夫请了工程师、物理学家和数学家，想用最少的篱笆围出最大的面积。工程师用篱笆围出了一个圆，宣称这是最优设计。物理学家将篱笆拉成了一条长长的直线，说是假设篱笆有无限长，能围起半个地球。数学家则用很少的篱笆把自己围起来，然后说："我现在是在篱笆外面。"

古往今来多少伟人创造了丰功伟绩，我们与其说他们有非凡的才华，倒不如说他们有着和常人不一样的创新思维。毕竟，思路决定出路。德国科学家高斯十岁时就算出了一道算术难题：1＋2＋3＋4＋……＋100＝？这就是创新。一般来说，创新思维具有如下基本特征：

1）独创性：不受传统习惯与权威束缚，在思考问题、解决问题时往往会超出常规，提出新观点、新思想，且具有唯一性。

2）求异性：标新立异，突破思维定式，从多角度思考问题。

3）联想性：对同一问题展开丰富的联想，举一反三，融会贯通。

4）灵活性：在思考问题、解决问题时不拘泥于经验及书本知识，能够根据实际情况灵活处理。

5）综合性：对众多信息进行概括、整理，把抽象内容具体化，从中提炼出具体信息。

此外，创新思维还与高度集中的注意力，高效持久的记忆力和灵活自如的操作力等密切相关。同学们在日常生活中应善于从上述几个方面培养自己的创新思维，这对自己以后的创业、职业发展都有很大的帮助。

二、 培养创新能力的基本途径

一个人的创新素质怎么样，在很大程度上取决于其自身创新能力的强弱。在这个竞争日益激烈的时代，提高创新能力对个人及组织发展发挥着至关重要的作用。提高创新能力的途径很多，下面是一些基本途径。

1. 敢于打破常规，增强创新意识

创新意识是指人们根据社会和个体发展的需要，引发创造新事物或新观念的动机，并在创造活动中表现出的意向、愿望和设想。创新意识是创新活动的动力，没有创新意识，即使有创新能力，也不一定会产生创新活动。在传统教育体系中，大多以应试为目的，学生缺乏创新意识的锻炼，所以，我们应培养自己的兴趣、意志、灵感、悟性等，提高自己的创新意识。

手剥山核桃

浙江省临安市是山核桃的主产地。近年来，通过推广“山核桃丰产稳产综合栽培技术”，山核桃种植面积和平均年产量分别占到了全国的60%和70%。但消费者普遍反映“山核桃好吃壳难剥”。为解决这一难题，临安市农业龙头企业东林绿色食品有限公司想出一妙招，即在山核桃深加工的基础上，将其适度砸碎，消费者只需用手掰开就可食用。这种手剥山核桃一经面世，立即受到了消费者的欢迎，而加工一公斤手剥山核桃，比普通山核桃可增值 9 元，仅此一项，临安市就增收 3 000 余万元。

2. 热爱生活，关注生活

我们身边很多成功的创新案例，都来自对日常生活的细心观察与领悟，一切创新素材也来源于生活。所以，只有热爱生活，关注生活，才能抓住生活中一切对创新有价值的信息，提高自己的创新能力，使创新永葆生机。即处处留心自己身边的机会，锲而不舍地加以探究，就有可能创造出新的财富。

钓鱼 “钓” 来的财富

美国著名皮革商巴察在出售了自己的食品冷冻法专利后得到了数百万美元。这笔财富的获得完全得益于他的钓鱼爱好。巴察经常去纽芬兰海岸，在结了冰的海上凿洞钓鱼。从海水中钓起的鱼在冰面上放一会就会被冻得硬邦邦的。当几天后食用这些冻鱼时，巴察发现只要鱼身上的冰不溶化，鱼味就不会变。根据这一发现，巴察着手试验将肉和蔬菜冰冻起来。他高兴地发现，只要把肉和蔬菜冻得像那些鱼一样，就能保持新鲜。经过反复试验，他进一步发现：冰冻的速度和方法不同，会影响食品冰冻后的味道和保鲜程度。经过几个月废寝忘食的摸索，巴察为他发明的食物冰冻法申请了专利。由于这是一种具有极大潜力和应用范围的新技术，所以找上门来买的人很多。巴察待价而沽，最终，通用食品公司花费数百万美元把这项专利买到了手。

3. 提高创新思维能力

在当今这个时代，创新能力的高低已成为组织或个体能否在社会中顺利发展的重要因素。一个人是否具备创新能力，既不在于其知识的丰富程度，也不在于其是否任劳任怨，而在于他是否具有创新思维，是否善于思考。因此从某种程度上说，创新思维是创新能力的核心，也是成才的关键，这就要求我们要善于在日常生活中培养自己的创新思维。

征文比赛

美国某州有位老人，拥有一座占地面积达 100 亩、非常漂亮的 18 洞高尔夫球场，希望公开出售。这座球场的市价约为 200 万美元，但老人却只喊价“200 美元”！

一座 200 万美元的球场只卖 200 美元？老头是不是疯了？

老人没有疯，他正在做的是一桩稳赚不赔的生意。因为，欲购球场的人，除了必须缴“200 美元”的竞标手续保证金之外，还要参加两三百字的“征文比赛”，说明为什么要买下这座球场，以及有何创意与方法来经营球场。只要获得“征文第一名”，整座高尔夫球场就是奖品！

不过，老人还有个条件，就是如果竞标征文达不到一万篇，他就取消 200 美元的售价，而按一般方式公开拍卖，仍从 200 万美元起价。算算看，“200 美元”乘以“一万篇”，不就是 200 万美元吗！最后，参与者逾两万人！

在生活中，我们要善于思考，充分利用自己的思维，独辟蹊径，打开自己的财富之门。

4. 积极参与创新实践

实践出真知，实践是检验真理的唯一标准，也是检验创新结果是否具有价值的重要依据。创新能力的培养同样不能脱离实践，只能在实践中进行培育。这就是说，有了创新理论的积累，还要自觉、积极地投入到创新实践活动中，如此才能真正提高自己的创新能力。

创新改变命运

日本狮王公司有一名职员叫加藤信三，他在使用自己公司生产的牙刷刷牙时，刷毛的尖头经常使他的牙龈出血。他想：如何才能改变这种情况呢？

一天，加藤信三在用放大镜仔细观察刷毛时，发现其顶端是方的。于是他想，如果改成圆的，应该就不会让牙龈受伤了。利用一次会议的机会，他把这个想法向公司提了出来，公司最终采纳了他的建议。通过这一改变，果真成功解决了刷牙时牙龈出血的问题。狮王牙刷也因此变得非常畅销，后来占到了日本牙刷销售量的 30% 左右。加藤信三也因此由公司的一名小职员成为了公司董事。

专题训练

一、思考题

发挥一下自己的想象力。

1. 绘出30年后人们使用的交通工具的草图。

2. 想象30年后自己的模样。

3. 想象空中城市、水中城市的样子。

二、测试题

测一测你的创造力。工具：威廉斯创造力倾向测量表。这是一份帮助你了解自己创造力的测试。每一道题都要做，不要花太多时间去想。所有题目都没有“正确答案”，凭你读完每一道题的第一印象作答，争取以最快的速度完成。下面每个题目均包括三个选项(A. 完全符合；B. 部分符合；C. 完全不符合)，请选出你认为最符合你的一项，并填到每道题的括号内。

1. 在学校，我喜欢试着对事物或问题作猜测，即使不一定都猜对也无所谓。(　　)
2. 我喜欢仔细观察我没有见过的东西，以了解详细的情形。(　　)
3. 我喜欢变化多端和富有想象力的故事。(　　)
4. 画图时我喜欢临摹别人的作品。(　　)
5. 我喜欢利用纸、旧日历等废物来做成各种好玩的东西。(　　)
6. 我喜欢幻想一些我想知道或想做的事。(　　)
7. 如果事情不能一次完成，我会继续尝试，直到成功为止。(　　)
8. 做功课时我喜欢参考各种不同的资料，以得到多方面的了解。(　　)
9. 我喜欢用相同的方法做事情，不喜欢去找其他新方法。(　　)
10. 我喜欢探究事物的真假。(　　)
11. 我喜欢做许多新鲜的事情。(　　)
12. 我不喜欢交新朋友。(　　)
13. 我喜欢想一些不会在我身上发生的事。(　　)
14. 我想象有一天能成为艺术家、音乐家或诗人。(　　)
15. 我会因为一些令人兴奋的念头而忘记了其他事。(　　)
16. 我宁愿生活在空间站，也不喜欢住在地球上。(　　)
17. 我认为所有的问题都有固定的答案。(　　)
18. 我喜欢与众不同的事情。(　　)
19. 我常想知道别人在想什么。(　　)
20. 我喜欢故事或电视节目所描写的事。(　　)
21. 我喜欢和朋友在一起，和他们分享我的想法。(　　)
22. 如果一本书的最后一页被撕掉了，我就自己编一个结果。(　　)

23. 我长大后想做一些别人从没有想过的事情。(　　)

24. 尝试新的游戏和活动是一件有趣的事。(　　)

25. 我不喜欢受太多规则限制。(　　)

计分方法:

正面题目: 1、2、3、5、6、7、8、10、11、13、14、15、16、18、19、20、21、22、23、24、25; 反面题目: 4、9、12、17。

正面题目"完全符合"得3分,"部分符合"得2分,"完全不符合"得1分; 反面题目"完全符合"得1分,"部分符合"得2分,"完全不符合"得3分。累计你的分数,得分越高说明创造力越强; 反之,说明创造力越差。

精彩链接

实破心理定式

本章综合训练

知识巩固练习

1. 请完成下面的思维导图。

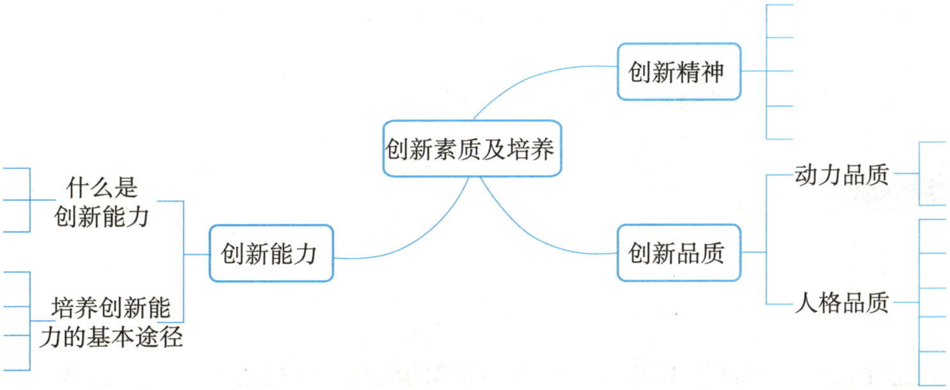

2. 连连看：

	专业知识与技能
创新精神	好奇心
	创新智力因素
	胆识
创新品质	动力品质
	勇于探索的精神
创新能力	人格品质
	严谨的逻辑性

3. 创新素质是影响成功与成才的重要因素，你准备如何提高自己的创新素质呢？

综合实践训练

创新游戏——礼品设计

参与人数：5～7 人/组；时间：1 周；场地：不限；道具：纸、笔及相关材料。

- **活动目的**

1. 培养创造性解决问题的能力。

2. 通过设计或制作小礼品，培养“专注力”；用行动激发潜能，让我们的双手忙碌起来。

- **规则和程序**

1. 每 5～7 人一组（也可以是个人），小组的任务是设计出一个赠送顾客的小礼品（如钥匙扣、小工具、吉祥物、模型玩偶、U 盘、纪念章等），可以是原创，也可以模仿改进，如将固定的改为可以活动的、无声的改为有声的，或进行新的组合等。

2. 然后让每一个组选出一名代表，对他们设计的小礼品进行介绍，内容应包括名称、设计理念、预算，以及目标顾客的年龄、性别、职业、爱好等情况。

3. 在每个组都做完自己的介绍之后，让大家评判出“最佳设计”；另外还可以颁发一些单项奖，例如最炫的名字，最美的礼品，花钱最少的礼品，等等。

- **评判标准**

新颖性、观赏性、趣味性、可行性、实用性。

拓展训练

闪电传球

- **活动目的**

通过这个活动让大家认识到，一个看似简单的活动，要把它做好并不容易。在面对一些看似不可能完成的任务时，通过转变思维方式，一切皆有可能实现。让大家认识到创新思维的重要性，学会运用创新思维去解决问题。

- **规则和程序**

活动人数：60 人，20 人一组。

活动时间：40 分钟。

活动场地：教室。

活动用具：3 个小球。

活动步骤：

（1）所有人分成 3 组，每组 20 人，分别配 1 个球。

（2）宣布活动规则：活动要求每组将球从发起者手里开始传递，最后传回到发起者手里。在传递过程中，每一人都必须触到球，所需时间最少的获胜。球掉在地上的组额外加 5 秒。

- **分享交流**

活动开始时，3 组人一般会不约而同地围成 3 个圈，一个接一个传递下去，一般都要花 20 秒左右的时间，这也是我们通常的思维。

当老师要求把时间控制在 10 秒之内时，大家都认为不可能。当然，按常理是不可能的。有没有更好的办法让时间变得短一些呢？如果让……所用时间仅为 4 秒！这是一个绝妙的想法，大家对这一成果非常满意。

- **点评总结**

每一件看似不可能的事情摆在面前时，这种“不可能”的心理定式，会使每个人都想放弃。做了才有可能成功，但最终的成功不是因为你做了，而是取决于你怎样去做。发挥团队智慧，集合团队创意，一件看似不可能完成的事情就有可能成功，这就是团队的力量，这就是创新思维的结果。思维可以指导人们的行动，同时也会约束人们的行动。总之，要想成功就要突破自己的思维定式，进行创造性思考。

第三章

创新思维及训练

想别人不敢想的，你已经成功了一半；做别人不敢做的，你就会拥有成功的另一半。

——爱因斯坦

学习目的

1. 初步掌握创新思维方法，通过创新思维训练把学到的各种思维方法、技能融会贯通，系统把握，综合运用。全面地而不是片面地，辩证地而不是教条地，灵活地而不是机械地观察问题、提出问题、分析问题和解决问题，培养创新能力。

2. 在训练中，同学们不仅能初步了解和掌握创新思维方法，还能深切领会这些方法在认识事物的过程中所起到的无比奇妙的作用，并能自觉地把这些方法运用到平时的学习、生活和各种活动中去。联系实际，进行创新思维实践，这是成功的关键。

内容描述

创新思维是人类思维的一种高级形式，是指人们为了解决某个问题，综合运用各种思维形式和方法，通过独特的思考，形成新思想的思维过程。创新性思维并非游离于其他思维形式之外而存在，它是相对于常规性思维而言的，主要包括发散思维、聚合思维、联想思维、想象思维等。

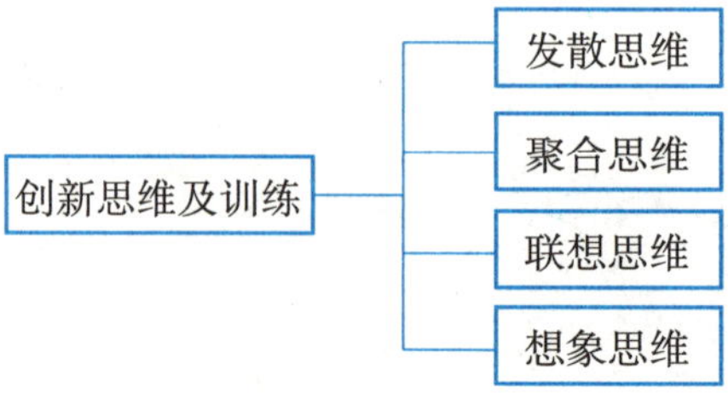

第一节 发散思维

案例

卖饮料的小伙子

有个小伙子负责在马戏场内卖小食品。但每次看马戏的人不多，买东西吃的人更少，尤其是饮料，很少有人问津。这可怎么办呢？没人买东西，就意味着他的收入将会很惨淡。

有一天，他的脑中产生了一个想法：向每个买票的人赠送一包花生，借以吸引观众。但老板不同意这个“荒唐的想法”。他就用自己微薄的工资作担保，恳求老板让他试一试，并承诺说，如果赔钱就从工资里扣，如果赢利自己只拿一半。于是，马戏团外就多了一个义务宣传员的声音：“看马戏，买一张票送一包好吃的花生！”在他不停的叫喊声中，观众比往常多了几倍。

观众进场后，他就开始叫卖起柠檬水等饮料，而绝大多数观众在吃完花生后觉得口干时都会买上一杯，一场马戏下来，他的收入比以往增加了十几倍。

上面那个小伙子，当传统的销售方法不管用时，他就换了一种销售方法，先免费赠送花生，使得观众先“占他的便宜”，进而由于口渴而不得不主动买他的饮料。这种方法无意间就推动了他的销售。如果他总是沿用一成不变的方法，被动地等待客人来买饮料，他的生意肯定得不到任何改观。

不要担心自己生来就不聪明，或是以为自己不如人。创造性思维是可以后天习得的，正如卓别林所说，“和拉提琴或弹钢琴相似，思考也是需要每天练习的。”创造性思维可以让你的生活更有滋味，并能让你产生激动人心的顿悟。所以在生活中，我们可以有意识地培养自己的创造性思维。

思考讨论

1. 从小伙子身上你学到了什么？
2. 有人说创新改变生活，创新改变命运，你同意这种说法吗？

一、 发散思维的概念

发散思维又称辐射思维、放射思维、扩散思维或求异思维，是指充分发挥人的想象力，从一点向四面八方扩散开来。或者说，从不同的角度、不同的方向和不同的关系去思考问题，多方面、多层次地寻求解决问题的方法。发散思维是创造性思维最主要的特点，是衡量创造力高低的主要标志之一。一个人创造力的高低，主要表现在他的发散思维能力的强弱上。因此，提高一个人创造性思维能力的关键，就在于提高他的发散思维能力。

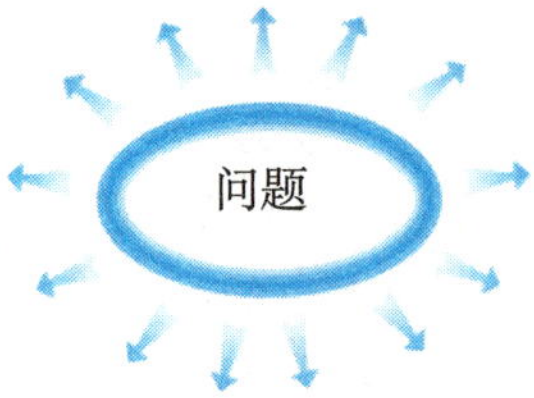

二、 发散思维的基本特征

1. 流畅性——你想到了多少主意

流畅性就是观念的自由发挥，指在尽可能短的时间内生成并表达出尽可能多的思维观念以及较快地适应、消化新的思想观念。该特征代表心智灵活、思路通达。对同一问题，想到的答案越多，表示思维的流畅性越高。流畅性反映的是发散思维的速度和数量特征。

2. 变通性——你想到了多少不同种类的主意

变通性就是指能从不同角度、不同方向灵活地思考问题。当面对问题时，不墨守成规，不钻牛角尖，能随机应变，触类旁通。对同一问题，想出不同类型答案越多者，变通性越高。变通性需要借助横向类比、跨域转化，使发散思维沿着不同的方向去扩散。

3. 独创性——你想到了多少与众不同的主意

独创性是指具有与众不同的想法和别出心裁的解决问题的思路。独创性是发散思维的最高目标。

4. 多感官性——“激”中生智

发散性思维不仅运用视觉思维和听觉思维，而且也充分利用其他感官接收信息并进行加工。发散思维还与情感有密切关系。如果思考者能够想办法激发兴趣，产生激情，把信息感性化，赋予信息以感情色彩，就会提高发散思维的速度与效果。

三、 发散思维的形式

1. 多路思维

多路思维是指在思考问题时要善于多角度去想，而不要“一条路走到黑”。多路思维能力既与一个人的知识经验有关，又与他的想象力有着密切的联系。

例如：看过的废旧报纸都有哪些新的用途？

（1）可剪报，以收集和积累资料，增长知识。

（2）可用来练书法、画画。

（3）可回收利用，重新做纸。

（4）用来擦玻璃：先在报纸上喷少许水，然后仔细擦拭玻璃，最后用干报纸擦拭一次，即可使玻璃光亮无比。

（5）擦洗浴缸：浴缸长时间使用之后所沉积的污垢不宜清洗，可以在浴缸上铺一些旧报纸吸收水分并轻轻擦拭，多擦几次，浴缸就会变得干净起来。

（6）保存蔬菜：如果刚买来的蔬菜如葱、萝卜、胡萝卜等是用水洗过的，要想长期保鲜，用报纸包裹后，置于通风处即可。

（7）可制作手工艺品（见图 3－1）。

图 3－1　手工艺品

要培养创新能力，平时就要培养自己的发散思维。对于同一个问题，找出的答案越多越好。

2. 立体思维

立体思维也称“多元思维”“全方位思维”“整体思维”“空间思维”或“多维型思维”，是指跳出点、线、面的限制，能从上下左右、四面八方去思考问题的思维方式。

如采用立体思维方法养鱼。过去在一个鱼塘内只养一个品种的鱼，水域难以得到充分利用。后来人们发现各种鱼的生活习性是不一样的，有的生活在水底、有的生活在中层、有的生活在上层，鱼所吃的食料也不一样，因此人们把几种鱼混养在一个鱼塘里，组成了一个立体网络。在鱼塘内还可养蚌采珍珠，鱼与蚌又形成了一个生态。在鱼塘周边种上水果，鱼果又得到了很好的结合。在鱼塘旁边养猪，鱼畜又得到了结合。

立体思维大大开拓了思路，把多种因素、多种事物有机地结合了起来，使它们取长补短，相得益彰。

立体绿化：屋顶花园增加绿化面积、减少占地、改善环境、净化空气。

立体农业、间作：玉米地种绿豆、高粱地种花生等。

立体森林：高大乔木下种灌木、灌木下种草、草下种食用菌。

立体开发资源：煤、石头、开发产品。

立体停车场：同样的地面面积可多停好几倍的车（见图 3－2）。

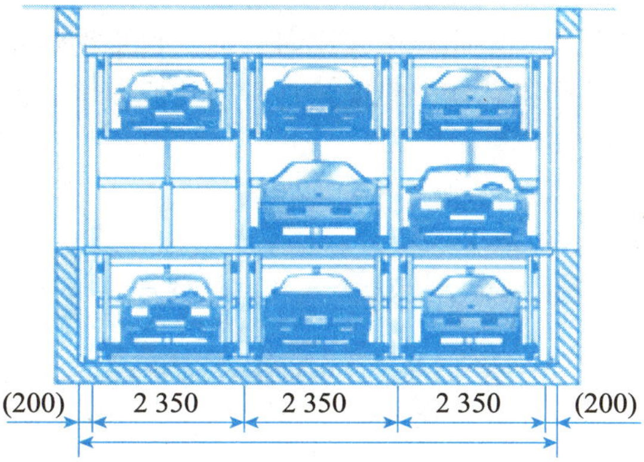

图 3－2　立体停车场（单位：mm）

3. 逆向思维

逆向思维又称反向思维，是指改变一般的思维程序，从相反的方向展开思路，进而分析与解决问题的方法。逆向思维是发现问题、分析问题、解决问题的重要手段，有助于克服思维定式的局限性。

“补短” 扬长

某饮料公司的市场调查人员陆续回来了，带来了全国各大饮料公司产品的有关资料。他们关起门来研究别人的优点与长处，分析自家产品的不足，思考产品改进的办法与方案。董事长对他们的工作很不满意：老是研究人家的长处，老是学习人家的优点；人家的长处永远研究不完，人家的优点永远学习不完，而我们永远只能像蜗牛一样跟在人家屁股后面爬。怎么办？董事长发话：批判别人的短处，填补他们的不足，培养自己的特色！市场人员怔住了，但很快就明白了。

那么如何进行逆向思维呢？

（1）就事物依存的条件逆向思考。如小孩掉进水里，我们一般会把人从水中救起，使人脱离水。而司马光救人则是打破缸，使水脱离人，这就是逆向思维。做钟表生意的都喜欢说自己的表准，而一个表厂却说他们的表不够准，每天会有 1 秒的误差，这么说不但没有失去顾客，反而大家非常认可，踊跃购买。

（2）就事物发展的过程逆向思考。如人上楼梯是人走路，而电梯则是路走，人不动。不管螺丝怎么设计，正向拧不开的时候，反向必定能拧得开。

（3）就事物的位置逆向思考。如开展“假如我是某某”活动。

（4）就事物的结果逆向思考。

4. 侧向思维

侧向思维又称旁通思维，是发散思维的又一种形式，这种思维的思路、方向不同于正向思维、多路思维或逆向思维，它是沿着正向思维旁侧开拓出新思路的一种创造性思维。通俗地讲，侧向思维就是利用其他领域的知识和资讯，从侧向迂回地解决问题的一种思维形式。

如何测量饭店大楼的重量

莫斯科有一座用大理石建造的高大建筑——莫斯科饭店，多年前，在这里要建一条地铁。为了保证建筑的安全，需要测出饭店大楼的重量。

这可是个难题。宇宙射线专家郎科尼听说后，心想：“我们周围充满着宇宙射线，有些能畅通无阻地穿透地球；有些则会被巨大的建筑物部分吸收。用宇宙射线探测仪不就能解决问题吗？”于是，他毛遂自荐说：“我一个晚上就可测出饭店大楼的重量。”

他让人在饭店的下面挖了一条试验地道，把宇宙射线探测仪放在地道里。第二天早上他说：“莫斯科饭店的总重量为 45 000 吨，它的地基每平方厘米承受着 1.1 千克的压力。”

看见人们投来不解的目光，郎科尼解释说：“那台放在地道里的宇宙射线探测仪，能够测出射线被大楼吸收的比率，根据有关公式，就可以轻而易举地计算出大楼的重量及单位面积的承重了。"

在此，郎科尼不但应用了跨专业的知识和技术，同时还运用了侧向思维方法——用宇宙射线探测仪进行跨行业的测量，这也是一种创新。它要求人们放弃惯常的正面突破的思维模式，而采用侧面迂回的策略，出奇制胜。

如何进行侧向思维呢？一般而言，可以从侧向移入、侧向移出、侧向转换三个角度进行。

（1）侧向移入。

侧向移入是指跳出本专业、本行业的范围，摆脱习惯性思维，侧视其他方向，将注意力引向更广阔的领域；或者将其他领域已成熟的、较好的技术方法、原理等直接移植过来加以利用；或者从其他领域事物的特征、属性、机理中得到启发，提出创新设想。

例如，为了减少摩擦，人们一直在不断地改进着轴承。但正常思路无非是改变滚珠形状、轴承结构或润滑剂等，但这些都没有带来大的突破。后来，有人把视野转到其他方向，想到高压空气可以使气垫船漂浮，磁性材料同极会相互排斥并保持一定的距离。于是，人们将这些新设想引入轴承改进工作中，发明了不用滚珠和润滑剂，只需向轴套中吹入高压空气，使旋转轴呈悬浮状的空气轴承，或用磁性材料制成的磁性轴承。

（2）侧向移出。

与侧向移入相反，侧向移出是指将现有的设想、已取得的发明、已有的技术和本厂产品，从现有的使用领域、使用对象中摆脱出来，外推到其他意想不到的领域或对象上。

例如，将拉链从对物体的拉合功能侧向移出到人体手术缝合方法上，于是就产生了免缝合手术拉链。对手术患者而言，在完成手术后，医生只需在伤口两边贴上免缝合手术拉链，然后轻轻一拉，便可完成"缝针"，给医生带来了极大方便，减轻了劳动强度，缩短了工作时间；同时也可使患者免受缝线、拆线之苦，伤口愈合平整，且不会留下针眼痕迹。

（3）侧向转换。

侧向转换是指不按最初设想或常规思维直接解决问题，而是将问题侧向转换为其他问题，或将解决问题的手段侧向转换为其他手段等。

冰箱用途的延伸

在美国，每个家庭都有冰箱。这种高度成熟的产品竞争激烈，利润率很低，美国的厂商显得束手无策，而日本人却异军突起，发明了一种与 19 英寸电视机大小一般的冰箱。

当这种微型冰箱投入市场后，人们发现其除了可以在办公室使用外，还可安装在车上。微型冰箱改变了一些人的生活方式，也改变了它进入市场初期默默无闻的命运。

微型冰箱与家用冰箱在工作原理上没有区别，其差别只是产品所处的环境不同。日本人把冰箱的使用方向由家庭转换到了办公室、汽车、旅游等其他侧翼方向，改变了产品的使用环境，引导和开发了人们潜在的消费需求，从而达到了创造需求、开发新市场的目的。

所以，侧向转换一下思维，学会"拐弯"，也许就会出现一片新的天地。

侧向思维和逆向思维实际上都是运用了“换个角度想一想”的思维方法。人们的思想很容易受到思维定式的影响，往往习惯于某一种思考。习惯于从某个固定角度去看待一个问题，因而易受传统观念、习惯看法、“流行思想”的束缚，这就会埋没创见，创造力自然也就难以发挥。因而有时换个角度想一想，从新的角度去看旧的问题，便可以冲破旧观念的禁锢，进而获得新的见解、新的设想。“换个角度想一想”是科技创新的一种重要思维方式，它对创新活动起着非常重要的作用。

四、 发散思维的方法

1. 一般方法

材料发散法——以某个物品为发散点，设想它的多种用途。

功能发散法——从某事物的功能出发，设想获得该功能的各种可能性。

结构发散法——以某事物的结构为发散点，设想利用该结构的各种可能性。

形态发散法——以某事物的形态为发散点，设想利用该形态的各种可能性。

组合发散法——以某事物为发散点，尽可能多地把它与别的事物组合成新事物。

方法发散法——以某种方法为发散点，设想利用该方法的各种可能性。

因果发散法——以某个事物发展的结果为发散点，分析造成该结果的各种原因，或者由原因推测可能产生的各种结果。

2. 假设推测法

假设的问题不论是任意选取的，还是有所限定的，所涉及的都应当是暂时不可能实现的事情或是现实中不存在的事物和状态。由假设推测法得出的观念可能大多是不切实际的、荒谬的、不可行的，这并不重要，重要的是有些观念经过转换后，就有可能成为合理的、有用的思想。

3. 集体发散思维法

发散思维不仅是个体思维活动的呈现，而且更需要我们身边的其他人员共同来思考。集体发散思维法可以采用不同的形式，如“诸葛亮会”“头脑风暴”等。

专题训练

1. 材料发散法（如信用卡、领带、回形针、砖、橘子皮等的用途）。

尽可能多地写出信用卡的各种用途：____________________。

2. 功能发散法（如照明、去污、降温、激励员工等）。

实现照明的方法：____________________。

3. 结构发散法（如包含◎、○、⊿结构的东西、带“木”字旁的汉字等）。

尽可能多地画出包含  结构的东西，并写出它们的名称，如：

帽子

伞

4. 形态发散法（如形状、颜色、音响、味道、气味、明暗等）。

利用红颜色可以做的事：________________。

5. 组合发散法（如小刀、雨伞、风扇等）。

可同风扇组合在一起的东西：________________。

6. 方法发散法（如压、敲、踩、碾、吹等）。

用吹的方法能办成的事：________________。

7. 因果发散法。

创业失败的原因：________________。

8. 假设推测法。

（1）如果外星人来到你家，你会怎么做？

（2）如果时间可以倒流，你会如何规划自己的人生？

9. 集体发散思维法。

请用集体发散思维法讨论以下问题：乡村旅游已成为一个热点，有什么办法可以吸引更多的游客呢？

● **要求**

5～7 人为一个小组，每组选出一人记录本组所想出的主意，30 分钟后，选出本组中最新奇、最疯狂、最具有建设性的主意，最后各小组评出最优建议。

● **规则**

（1）不许有任何批评意见，只考虑想法，不考虑可行性。

（2）想法越新奇越好，鼓励异想天开。

（3）可以寻求各种想法的组合和改进。

● **相关讨论**

（1）你是否惊叹于人类思维的奇特性，以及人和人之间的想法的差异性？

（2）集体发散思维法对于解决问题有何好处？它适于解决什么样的问题？

● **总结分享**

（1）人的大脑是一个无比神奇的器官，它所蕴藏的潜力是无法估量的。在短时间内，聚精会神地思考会有助于创造性建议的提出。

（2）不要嘲笑异想天开的想法，要知道科技和人类的进步正是建立在一项项异想天开的想法基础之上的。试想，如果不是古人一直希望像鸟儿一样在天空飞翔，又怎么会有莱特兄弟历尽艰辛去制造飞机的壮举？如果没有千里传音的想象，又怎么会有电话的产生？

（3）集体发散思维法常用来解决创意类问题，其效果取决于研讨的氛围，只有在民主、完全放松的环境中，人们才有可能异想天开地交流、讨论。

10. 机场规定托运物品长宽高不能超过 1 米，合金棒长 1.7 米，要求不能弯曲截断，同时要把价值连城的合金棒装上飞机，如何才能做到呢？

11. 请用六根火柴摆出四个大小相等的等边三角形。

12. 你能用一把尺子量出方桌上实心正方体两个对角之间的距离吗？如下图所示（B与 D_1 之间的距离）。

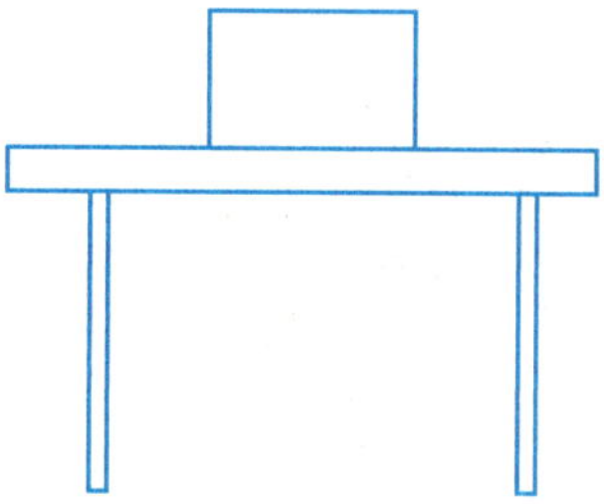

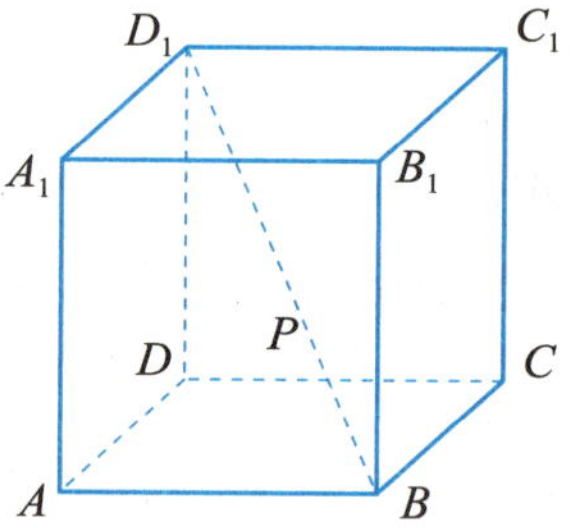

13. 看图请分析车的位置所代表的数字是什么？

16	06	68	88		98

14. 一个人下午要出差，他打电话给儿子，要儿子帮自己买些出差用的东西。同时告诉儿子饭桌上的信封里有钱。儿子找到了信封，上面写着 98，儿子到超市买了 90 元东西，付款时发现，信封里的钱不够，请问为什么？

15. 反向思考：从下列主题中寻找积极的因素，并制作思维导图，20 分钟内完成，找出的因素越多越好。

（1）经济低迷。

（2）大病一场。

（3）一无所有。

（4）小个子。

16. 失败带来的十件好事。

请按如下程序讨论：

(1) 陈述（或写出）自己曾遭遇过的一次失败（含环境原因）。

(2) 当时你的沮丧持续了多长时间。

(3) 列举失败带来的十件好事。

(4) 每人 10 分钟，然后相互交流。

例：罗斯福未当总统前，家中被盗，丢了很多东西。有朋友写信安慰他，但他在给这位朋友的回信中却谈到：

第一，小偷是偷了东西，但没伤害人，这是好事。

第二，他只偷了一部分东西，没有偷走所有的东西，这是好事。

第三，最大的好事是，偷东西的是他而不是我！

第二节　聚合思维

案 例

追问到底

在日本丰田汽车公司，曾经流行一种管理方法，叫“追问到底”。就是说，对公司出现的问题，采用追问到底的态度，以便找出最终原因。

比如，公司的某台机器突然停了，那就沿着这条线索追问下去：

问：“机器为什么停了？”

答：“因为保险丝断了。”

问：“为什么保险丝会断？”

答：“因为超负荷而造成电流太大。”

问：“为什么会超负荷？”

答：“因为轴承枯涩不够润滑。”

问：“为什么轴承枯涩不够润滑？”

答：“因为抽油泵吸不上润滑油。”

问：“为什么抽油泵吸不上润滑油？”

答：“因为抽油泵产生了严重磨损。”

问：“为什么抽油泵产生了严重磨损？”

答：“因为抽油泵未装过滤器而混入了铁屑。”

追问至此，最终原因找到了，解决的方法自然也就很明了了。给抽油泵装上过滤器，再换上保险丝，机器就可以正常运转了。

思考讨论

1. 上述案例中遇到的问题是如何找到原因的？这种解决问题的思维有什么优势？
2. 你能举一个生活中的例子吗？（最好是自己经历的利用这种思维解决问题的例子）

一、 聚合思维的概念

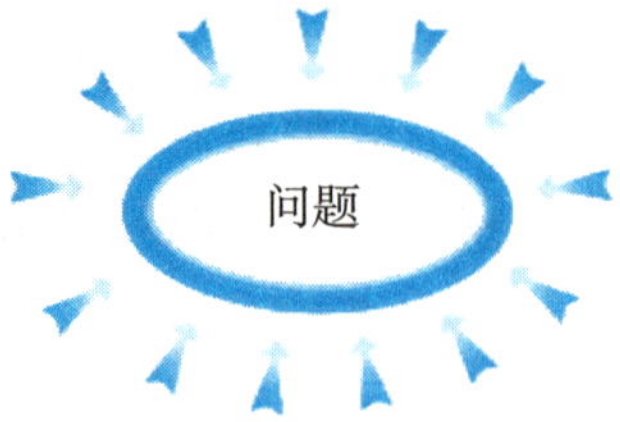

聚合思维是与发散思维相反的一种思维方式。发散思维是根据已知信息，使思维沿着不同方向和角度进行多方位思考。聚合思维则把广阔的思路聚集成一个焦点，是一种有方向、有范围、有条理的收敛性思维方式。因此聚合思维又称求同思维、集中思维、辐合思维和同一思维。具体来讲，聚合思维就是对发散思维提出的多种设想进行整理、分析、选择，再从中选出最具可行性、最经济、最有价值的设想，加以深化和完善，使之具体化、现实化，并将其余设想中的可行部分也补充进去，最终形成最佳方案。

二、 聚合思维的基本特征

1. 聚焦性

聚焦性是指创新思维的发展不是任意元素的组合，而是把发散后得到的有益设想集中起来，从而形成最佳组合，并通过定向、定点思考，使思维达到一定的深度，且具有更犀利的“穿透力”，从而揭示出事物的本质。

2. 整体性

聚合思维将发散思维的思路集中了起来，体现了系统的整体性。其功能不是各个组成部分的简单相加，即不是 1＋1＝2，而是 1＋1＞2，也就是说，即使系统的各个组成部分并不是最佳的，却有可能组成一个总体功能最佳的系统。

3. 可行性

发散思维所产生的众多设想和方案，一般来说多数都是不成熟的，对发散思维的结果，必须进行筛选。聚合思维能起到筛选和比较的作用，即设想和方案是按照实用性标准筛选出来的，具有较强的可行性。

在应用聚合思维方法时，通常可按以下步骤进行：

第一步：收集掌握各种有关信息。采取各种方法和途径，收集和掌握通过发散性思维获取的各类信息，数量越多越好，这是应用聚合思维的前提，有了这个前提，才有可能得出正确结论。

第二步：对掌握的各种信息进行分析和筛选，这是聚合思维的关键步骤。通过对所收集到的各种资料进行分析，区分出它们与所要解决问题的相关度，把重要的信息保留下来，把无关的或关联性不大的信息淘汰掉。经过清理和选择后，还要对各种相关信息进行概括、比较、归纳，从而找出它们的共同特性。

第三步：客观地、实事求是地得出科学结论。创造性活动，从思维角度来看，是发散思维与聚合思维结合运用的过程。发散思维是“多谋”，聚合思维是“善断”，二者是辩证统一的关系。由于创造性思维中的创造性产物不可能在原有的经验和方法中产生，所以它既需要发散思维，又需要聚合思维。只有通过发散思维，才能开阔思路，拓展视野，从而提出多种新设想、新办法。因此，创造性首先表现在发散性上，但是创造性活动只有发散思维是难以完成的。其目的是要从中找到正确的答案、最佳的方案、最新的结论等，这必须用聚合思维才能达到。因此，创造性产物往往是发散思维和聚合思维共同发挥作用的结果。从这个意义上讲，发散思维是聚合思维的基础，聚合思维则是发散思维的出发点和归宿，所以聚合思维是创造性思维的重要组成部分。

霉花生是致癌物

英国某农场主为节约开支，购进一批发霉的花生喂养农场的十万只火鸡和小鸭，结果这批火鸡和小鸭大多得癌症死了。几年后，澳大利亚有人用霉花生喂养大白鼠、鱼、雪貂等动物，结果被喂养的动物大多也患癌症死了。研究人员从收集到的这些资料中得出一个结论：在不同地区，对不同种类的动物喂养霉花生都患了癌症，说明霉花生是致癌物。后来经过化验发现：霉花生内含有黄曲霉素，而黄曲霉素正是致癌物质，这就是聚合思维法的典型运用。

当然，如果你有兴趣进一步思考，你还会发现新的问题：黄曲霉素是致癌物质，那么凡是含有黄曲霉素的食物是否全是致癌物呢；除霉花生含有黄曲霉素外，还有哪些食物含有黄曲霉素呢？聚合思维法是人们在解决问题时经常用到的思维方法。例如科学家在科学试验中，要从已知的各种资料、数据和信息中得出科学的结论；企业的合理化改革，要从许多方案中选出最佳方案；公安人员破案时，要从各种迹象、各类被怀疑人员中发现作案人和作案事实等。

专题训练

1. 请从下面四种物品中找出一种与其他三种不同的物品。然后再找出剩下三种物品之间的共同之处。

（1）一本平装书。

（2）一瓶可乐。

（3）一根纯金项链。

（4）一台彩色电视机。

2. 你要开办一家公司，但是缺少资金，怎么办呢？

3. 请提出尽可能多的具有以下属性的事物或现象。

（1）紫色。
（2）悦耳的声音。
（3）使人无可奈何的事。

第三节　联想思维

案例

孪生姐妹

一家美国玩具公司，从“克隆羊”多利身上得到启示：顾客只要将一张女儿的彩色照片和一份反映孩子特征的文件寄给公司，该公司便会给你做一个和照片一模一样的玩具娃娃，取名为“孪生姐妹”。这项业务推出后，大受市场好评。

思考讨论

1. 请问这家玩具公司的做法得益于什么思维形式？
2. 这家玩具公司为什么给玩具取名为“孪生姐妹”而不是“孪生兄弟”？
3. 你从“克隆羊”多利身上还能得到哪些启示？

一、联想思维的概念

联想思维是由一事物的概念、方法、形象想到另一事物的概念、方法和形象的心理活动。比如，由此及彼、由表及里、举一反三就是联想思维的体现。

联想可以让人很快地从记忆里调出所需要的信息，构成一条信息链，通过事物的接近、对比、同化等条件，把许多事物联系起来思考，有助于拓展思路，加深对事物之间联系的认识，并由此形成创造性的构想和方案。现实中，许多创造就来自人们的联想。

隐身衣

苏联卫国战争期间，列宁格勒（现名“圣彼得堡”）遭到德军的包围，经常受到敌机的轰炸。苏军伊凡诺夫将军在一次视察战地时，看见有几只蝴蝶在花丛中时隐时现，令人眼花缭乱。这位将军随即请来昆虫学家施万维奇，让他设计一套蝴蝶式防空迷彩伪装方案。施万维奇参照蝴蝶翅膀花纹的色彩和构图，运用防护、变形和仿照三种伪装方法，将活动的军事目标涂成与地形相似的巨大多色斑点，并在遮障上印染了与背景色相似的彩色图案。就这样，苏军数百个军事目标就像披上了神奇的“隐身衣”，大大降低了重要目标的损伤率，有效地防止了德军飞机的轰炸。

联想是开启人们思路、升华人们思想的导火索和催化剂，没有广泛而丰富的联想，就不可能促进科学技术的巨大飞跃。研究和实践证明，人们的联想跨度是很大的，两个风马牛不相及的事物，只要在它们之间加上几个环节，就能实现联系起来的愿望。这种大跨度的联想思维能力，往往具有很强的创造力。因此，联想对于人们开阔思路、寻求新对策、谋求新突破大有帮助。

二、 联想思维的形式

1. 接近联想

接近联想是指在时间和空间上相互接近的事物之间形成的联想。例如，桌子上面有书本，下面有椅子；闪电—雷鸣—下雨—滴答声。

牛奶+ 面包+ 蛋糕

国外一家公司既经营鲜牛奶，又经营面包、蛋糕等食品。这家公司出售的牛奶质优价廉，并且每天都能在天亮以前将牛奶送到订户门前的小木箱内。所以，牛奶的订户不断增多，公司获利越来越大。可是这家公司经营的面包、蛋糕等食品，虽然也质优价廉，但是由于门市部所在的地段较偏僻，来往的行人不多，所以营业额一直不大。这家公司的老板当然知道通过报纸和电台做广告是有作用的。但他同时也清楚，这要付出很大代价，而且面包、蛋糕一类食品，不同于一般大件商品，在报纸或电台上发布其名称、价格，很难引起消费者的注意。该公司老板最终想出一个投资不大而宣传效果又极佳的推销面包、蛋糕的方式：设计、印制一种精美的小卡片，正面印各种面包、蛋糕的名称和价格，卡片的背面是订货单，可填写需要的品种、数量、送货时间及顾客的签名。每天把它挂在牛奶瓶上送给订户，第二天再由送奶人收走，第三天便能将所订的面包、蛋糕等食品随同牛奶一起送到订户家中。在这家公司没开展这项业务之前，订户们需要自己上街去买早上吃的面包、蛋糕，不但费时费事，往往还要一次买够几天的需要量，这就影响到了面包、蛋糕的新鲜度。再则，公司为订户所送的面包、蛋糕，其价格还比从街上零售店买的要便宜一些。公司老板通过运用接近联想法想出的这种推销面包、蛋糕的办法，既扩大了销路，增加了盈利，又不失为一种便民利民之举，大受欢迎。

2. 相似联想（类似联想）

相似联想是指在形式、性质或意义上相似的事物之间形成的联想。例如，语文书到数学书，钢笔到铅笔，这种联想也可运用到发明创造过程中来。

牧童的专利

美国有个叫杰福斯的牧童，他的工作是天天把羊群赶到牧场，并监视羊群不越过牧场的铁丝网到相邻的菜园里吃菜。

有一天，杰福斯在牧场上不知不觉睡着了。不知过了多久，他被一阵怒骂声惊醒。只见老板怒目圆睁，大声吼道："你这个没用的东西，菜园被羊群祸害得一塌糊涂，你还在这里睡大觉！"

杰福斯吓得面如土色，不敢回话。这件事发生后，机灵的杰福斯就想，怎么才能使羊群不再越过铁丝网呢？他发现，一片有玫瑰花的地方，羊群从不过去，他经过观察发现，原来是羊怕玫瑰花的刺。"有了，"杰福斯兴奋地跳了起来，"假如在铁丝上加一些刺，就可以挡住羊群了。"

于是，他先将铁丝剪成了5厘米左右的小段，然后把它结在铁丝网上当刺。结好之后，他再放羊的时候，发现羊群起初仍试图越过铁丝网去菜园，但每次被刺疼后就惊恐地缩了回来。被多次刺疼后，羊群就再也不敢碰铁丝网了。

杰福斯成功了。半年后，他申请了这项专利，并获批准。后来，这种带刺的铁丝网便风行全世界。

3. 对比联想（相反联想）

对比联想是指通过对某一事物的感知和回忆引起对与其特点相反的事物的联想。例如，黑与白，写与擦，大与小，水与火，黑暗与光明，温暖与寒冷。

白与黑

韩国的金光中曾生产过一种叫"抱娃"的黑皮肤娃娃玩具在百货公司里销售。他为了宣传这种玩具，还刊登了广告。可是这种玩具的销路一直不好，几乎无人问津。百货公司让他拿回去。无奈，金光中只得把"抱娃"取了回来，堆放在仓库里。金光中的儿子是一位肯动脑筋的年轻人。他注意到，百货公司里有一种身穿泳衣的女模特模型，女模特模型有一双雪白的手臂。他想：假如把这种黑色的"抱娃"放在女模特模型雪白的手腕上，那真是黑白分明，有了这种鲜明的对比，说不定顾客会喜欢"抱娃"呢。于是他决定一试，他费尽口舌，终于说服了百货公司，同意让女模特模型手持"抱挂"。这一招果然奏效。凡是从女模特模型前走过的女孩都会情不自禁地打听："这个'抱娃'真好看，哪儿有卖？……"原来无人问津的"抱娃"，一时间成了抢手的热门货。后来，他又请了几位皮肤白皙的女士，身着夏装，手中各拿一个"抱娃"，在繁华的街上"招摇过市"，一下子吸引了过往行人的注意，连新闻记者也纷纷前来采访。一时间，报纸上竞相刊登出多篇有关"抱娃"的报道。没想到，这一成功的推销策略竟然掀起了一股"抱娃"热。

4. 因果关系联想

因果关系联想是指由两个事物之间的因果关系形成的联想。比如，橡皮与擦除。思考的力量是巨大的，它往往能超越现实，解决许多物质所不能解决的问题。

冰制的管子

有一个南极探险队首次在南极过冬时，遇到了这样一个难题：队员们打算把船上的汽油输送到基地，但由于输油管的长度不够，当时又没有备用的管子，所以无法输送。正当大家一筹莫展时，队长帕瑞格突发奇想：南极到处都是冰，能不能用冰来做成冰管子呢？由于南极气温极低，水在室外可立刻结成冰，这个联想并非是不切实际的空想。但用冰做管子，怎样才能使冰形成管状又不会破裂呢？帕瑞格又想到了医疗用绷带，在出发时科考队带了不少这样的绷带，他们试着把绷带缠在铁管子上，然后在上面浇水，水结成冰后，再拔出铁管子，这样果然做成了冰管。他们再把冰管子一截一截地连接起来，需要多长就接多长。他们靠这些冰制的管子，最终解决了输油管长度不够的难题。

专题训练

1. 在两个没有关联的信息之间，运用联想法寻找它们之间的联系。

比如：大海—（鱼）—（渔船）—天空

（1）风—（　　）—（　　）—收音机

（2）粉笔—（　　）—（　　）—原子弹

（3）人—（　　）—（　　）—机器

（4）算盘—（　　）—（　　）—计算机

2. 强制联想训练。

（1）请分析市场竞争和篮球比赛有哪些相同之处？（10个相同点，5分钟）

（2）请分析鸡蛋和宇宙之间有哪些联系？（10种联系，5分钟）

3. 连连看：

火	水	相似联想
水	鱼	对比联想
鱼	虾	接近联想

4. 请你发明设计。

就餐时，怎样防止食物洒在衣物及地面上？就餐时使用餐巾可以避免洒落的食物弄脏衣裤，但不能防止弄脏地面（地毯）。据国外媒体报道，有人曾发明过一种装于胸前的手风琴样式的折叠式围嘴，这种围嘴设计新颖，对儿童十分适用，但给大人使用，就显得不美观了。你能设法改进吗？如果可以，请尝试使用联想法进行设计。

第四节　想象思维

案　例

将星星卖给你

——只要敢于想，什么都挣钱

美国史密森尼天文物理研究所在编写星象目录时，对尚未正式命名的25万颗小星星动起了脑筋。对这些没有命名、肉眼也看不到的小星星可以做些什么文章呢？在创造性思维的推动下，一个“惊天动地”的创意产生了：该所办起了公司，做起了专售星象的买卖。它们的广告称：“您想让自己的名字永垂宇宙吗？您想让自己爱侣的芳名辉映星空吗？您想让自己亲友的英名永驻天际吗？250美元便能让您如愿以偿。”任何人只要花250美元就可以得到“星象命名公司”的一张星座图，知道天上的哪颗星星属于自己，而且还有一份正式的登记表。真是天大的诱惑，特别是对于那些手头不缺钱的人。可以计算，250乘以25万是一个多么庞大的数字，而他们的付出却是那么有限——提出创意。可见，创意就是财富。

思考讨论

创意就是财富：星星可以买卖，水（如矿泉水）可以买卖，空气（如氧吧）可以买卖……请你想想大自然中还有什么可以合法买卖？

一、　想象思维的概念

所谓想象，就是以客观信息为基础，在大脑中塑造出来的一种超越现实的思维能力，是对大脑内已有的记忆表象进行加工、改造或重组而创造出新形象的思维活动。

想象思维的基本元素是记忆表象。表象是外界事物在人脑中留下的信息，包括静止的、活动的画面，平面的、立体的画面，有声的、无声的画面。作为心理过程的结果，它是在大脑中保持的客观事物的形象。我们在看小说时，头脑中会出现各种人物和情景的形象；久别的老同学偶然相遇时，从前在一起生活、学习的情景就会浮现在眼前，这些情景就是表象。

想象思维是个体对已有表象进行加工并产生新形象的过程。想象以记忆表象为基础，但它不是记忆表象的简单再现。想象是形象系统对客观现实的超前反映。工程师根据自己在建筑方面积累的经验，设计出建筑物的形象。在想象中，这些记忆表象的画面就像过电影一样，在脑中涌现，经过黏合、夸张、人格化等加工，形成新的有价值的表象，此时，新想法、新技术、新产品自然也就出现了。

韩信带兵

韩信是我国历史上有名的将领。有一天，刘邦想试一试韩信的智谋。他拿出一块五寸见方的布帛，对韩信说："给你一天时间，你在上面能画多少士兵，我就让你带多少兵。"站在一旁的萧何想：这一小块布帛，能画几个兵？不想韩信毫不迟疑地接过布帛就走了。第二天，韩信按时交上了布帛，上面虽然画了些东西，但一个士兵也没有。刘邦看了却大吃一惊，心想韩信的确是一个胸怀千万兵马的统帅，于是把全部兵权都交给了他。那么，韩信在布帛上究竟画了些什么呢？原来，韩信在布帛上画了一座城楼，城门口微露战马马头，一面"帅"字旗迎风飘展。画中虽没见一兵一卒，却可想象到帅旗后的千军万马。

想象力的实质是沉积在大脑深处的信息被激活、被调动起来，重新进行编码组合，进而得到一种超越现实的结果。想象力能使现实中没有的事物和信号，通过想象勾画出来，从而实现思维的跨越。创造学之父奥斯本曾说：想象力是人类的试金石，人们正是依靠想象力征服了世界。

想象力的培养并不需要昂贵的设施，不受场地、时间的限制，它的培养在日常生活中随时随地都可以进行。

二、 想象思维的特征

1. 形象性

想象思维活动的基本单元是表象，是通过对已有表象进行加工进而创造新形象的过程，它加工的对象是形象信息，而不是语言或符号。有了想象，我们看小说时就可以"见到"人物的音容笑貌；看图纸时就全"看到"三维的物体；看设备说明书时就会"见到"设备的外形和结构。想象思维的过程和结果丰富多彩、生动活泼、直观亲切，它的这一特点使它完全区别于逻辑思维。

2. 概括性

想象思维是以形象形式进行的，因而具有概括性。例如，把地球想象成鸡蛋：蛋壳是地壳，蛋白是地幔，蛋黄是地核。科学家把原子结构想象成太阳系：太阳是原子核，核外电子是行星，这些"行星"围绕着原子核高速旋转。

3. 超越性

想象是对客观现实的超前反映，在这一过程中可能会创造出新事物、新看法和新技术。

三、 想象思维的形式

1. 无意想象

无意想象是事先没有预定的目的，不受主体意识支配的想象。无意想象是在外界刺激作用下不由自主地产生的。例如，人们在观察天上的白云时，觉得它有时像棉花，有时像仙女，有时又像野兽；人们在睡眠时做的梦，精神病患者在头脑中产生的幻觉等，这些也是无意想象。无意想象可以激发灵感的产生，但它不能直接创造出新东西，必须在有意想象的主导下才有可能实现。

2. 有意想象

有意想象是事先有预定的目的，受主体意识支配的想象。它是人们根据一定的目的，为塑造某种事物形象而进行的想象活动，这种想象活动具有一定的预见性、方向性。

有意想象一般分为再造型想象、创造型想象和幻想型想象。

(1) 再造型想象是根据他人的语言叙述、文字描述或图形示意，形成相应形象的过程。如读小说、诗歌想象出人物的形象和场面；看舞蹈、听音乐想象出的画面。

(2) 创造型想象是不依据现成的描述而独立创造出新的想象表象的过程。

(3) 幻想型想象是与生活愿望相结合并指向未来的想象。巴尔扎克曾说过：想象是双脚站在大地上行进，脑袋却在腾云驾雾。

幻想型想象和创造型想象相比，具有以下特点：

(1) 幻想型想象创造出的形象，总是和个人的愿望相联系，并体现个人所向往、所祈求的事物，而创造型想象所形成的形象则不一定是个人所向往的形象。

(2) 幻想型想象与当前的创造活动没有直接联系，不会直接创造出物质产品或精神产品，而是指向未来的活动，但又常常是创造性活动的准备阶段。

科幻小说的启示

1861 年，被人们称为科幻小说之父的美国著名作家凡尔纳，曾在一部小说里描绘了以下的景象：美国的佛罗里达州将设立一个火箭发射站，火箭从这里发射，飞往人们向往已久的月球，他还具体描述了飞行员在宇宙飞船中失重的情景。天下之大，无奇不有。刚好过了 100 年，到 1961 年，美国真的在佛罗里达州发射了人类第一艘载人宇宙飞船。而且宇航员在太空中的许多失重情景，竟和凡尔纳在想象中描写的一样。不仅如此，直升机、雷达、导弹、坦克、电视机等的雏形，也都在凡尔纳的小说中出现过。第二次世界大战初期，德国人制造的潜水艇，与凡尔纳小说中描绘的相差无几。第一个把宇宙火箭送上天空的苏联科学家齐奥尔科夫斯基，也是从凡尔纳的小说《从地球到月球》里得到启示的。凡尔纳所写的科幻小说，通过神奇无比的想象，无与伦比的精确预示，一百多年来给无数青少年和科学家以启迪。我国古人曾说：预则立。通过预示想象，设想各项活动的前景以及其带来的一切后果，预见可能遇到的各种艰难险阻，然后采取相应的行动。对我们希望产生的事物，可积极为其创造条件；对不希望出现的现象，则应尽力避免其出现。预示想象对人的实践活动，能起到一定的先导性作用，或者促进和激励人们采取有益、正确的行动；或者抑制和防止人们采取有害、错误的行动。无论是科学研究，还是从事其他实际工作，借助于一定的预示想象，都是很重要的。因为预示想象，总和已有的知识经验密不可分。它能为我们节省大量的人力物力，使我们少走许多弯路。

专题训练

如何发挥自己的想象力呢？德国的一名学者曾说过这样的话："眺望风景，仰望天空，观察云彩，常常坐着或躺着，什么事也不做。只有静下来思考，让幻想力毫无拘束地奔驰，才会有冲动。否则任何工作都会失去目标，变得烦琐空洞。谁若每天不给自己一点做梦的机会，那颗引领他工作和生活的明星就会暗淡下来。"

1. 学会放松。

意象松弛法：调整呼吸，自然闭上双眼。

（1）视觉的意象：想象阳光下的海滩，蔚蓝的天空，湛蓝的海水，洁白的沙滩，笔直的棕榈树，以及海面上的点点帆影等，仿佛真的站在海滩上。

（2）听觉的意象：我们站在沙滩上，听到了海浪冲上沙滩的声音，海风吹过椰林、吹过你耳畔的声音，还有远处海面上传来的水鸟的鸣叫声。

（3）嗅觉的意象：继续体会，我们慢慢闻到了海水的味道，清新而咸湿；岸边的植物在阳光下散发出淡淡的清香。

（4）触觉的意象：再感觉我们脚下的沙滩，细柔温暖，风轻轻地拂过你的皮肤，阳光暖暖地落在你身上……

2. 想象你上班第一天是什么样的情景，拿到第一个月薪水想要做什么。

3. 想象一下外星人的外表和动作。

4. 你能画出世界上没有的东西吗？

5. 请根据以下材料创作一幅画。

清朝年间，当时没有吊车，万寿寺重达 46.5 吨、高近 7 米的大钟是怎样运到大钟寺并挂起来的呢？人们用智慧解决了这个难题。从万寿寺开始，一直到大钟寺，每隔半里左右，打一眼井，冬天用井水泼成冰道，用在冰道上拖拉的办法，将大钟拉到了大钟寺。然后再用堆土的办法，将大钟一点点抬高，而在土堆下面，事前已筑好了钟座，四周有六根柱子和大梁，将柱子立好后架上大梁，把大钟悬挂在大梁上之后，再将大钟下面的堆土一点一点地清除掉。这样，46.5 吨重的永乐大钟就悬挂成功了。

6. 金钱确实可以买到许多东西，但它不是万能的，如金钱能买到床铺，却买不到甜美的梦；能买到书，却买不到知识……请你想象它的作用和局限，越多越好。

精彩链接

想象自己在海边漫步

本章综合训练

知识巩固练习

1．请完成下面的思维导图。

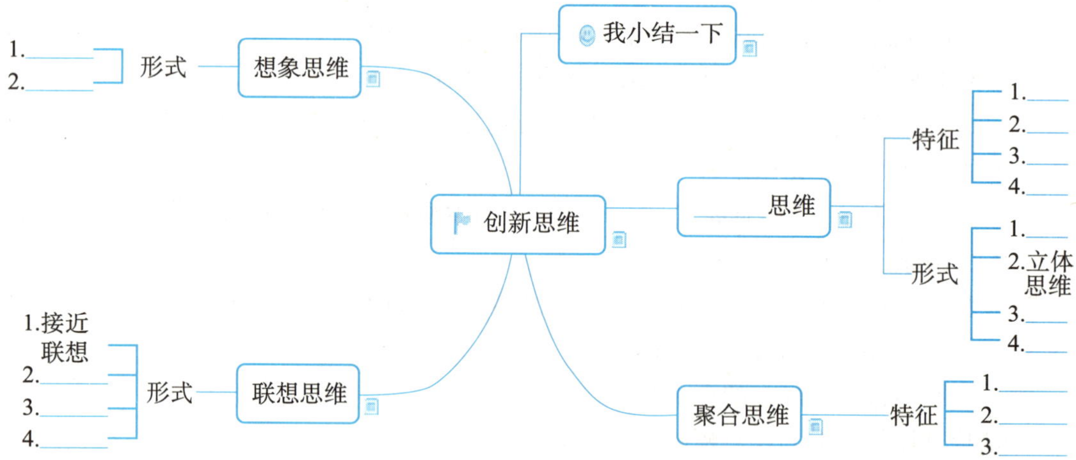

2．连连看：

发散思维

聚合思维

寻求尽可能多的方案
寻求最佳方案
定向、定点思考
不同角度、不同方向思考
注重可行性
注重现实性和实用性
强调激情、民主氛围
强调理性、整体

3. 爱因斯坦认为：想象力比知识更重要。这句话对你有何启示？

综合实践训练

创新游戏——设计玩具

参与人数：5～7 人/组；时间：60 分钟；场地：室内；道具：纸，笔。

● **活动目的**

1. 培养创造性解决问题的能力。

2. 培养纵观全局、综合性解决问题的能力。

有没有设想过拥有自己设计的芭比娃娃？有没有想过用自己设计的飞机模型参与比赛？本游戏将带你重温这一童年梦想。

● **规则和程序**

1. 每 5～7 人一组，假设小组就是一家玩具公司，组员的任务则是设计一个新的玩具，可以是任何类型、针对任何年龄段的，唯一的要求就是要有新意。

2. 然后让每组选出一名代表，对他们设计的玩具进行介绍，内容包括玩具的名称、针对的人群、卖点、广告语、预算等。

3. 在每组都做完产品介绍后，让大家评出最优的设计，即以最低的成本做出了最好的创意；另外还可以颁发一些单项奖，例如最炫的名字、最动人的广告创意、花钱最少的玩具等。

● **相关讨论**

1. 什么样的创意会让你觉得眼前一亮？怎样才能想出这些好创意？

2. 时间的限制对你想出好创意是否有影响？

3. 一个好提案是否只要有好创意就行了？如果不是，那么还需要什么？

● **总结分享**

1. 从一个产品的设计开发到营销推广都需要好创意作为灵魂，没有创意的物品或广告是不会有人欣赏的。

2. 对于一件产品来说，创意并不是唯一重要的，好的构想、好的理念还需要物质条件的支持，即会受到现实条件的约束，比如本游戏中时间的约束、预算的约束等。如何在限定的范围内寻求效益的最大化，是每个人都应当考虑的。

3. 在集体合作过程中，合理的分工和完善的计划是成功的关键。比如在上面的游戏中如果能合理分工，即一些人负责创意，一些人负责预算，就一定能事半功倍，在预定的时间内更好地完成任务。

拓展训练

创新思维竞赛

● **活动目的**

培养学生敏捷的思维能力和创造力，同时培养同学们的团队合作精神以及创造性地解决问题的能力。

- **活动准备**（略）
- **竞赛规则**（略）
- **竞赛程序**（略）

附样题：

一、智力闯关（每小题 10 分，共 30 分）

1. 1、2、3、4、5、6、7、8、9 这 9 个数如果不改变顺序，也不能重复，如何用加减号把这些数连起来，使它们的和等于 100？

2. 有两个房间，其中一个房间里有三盏灯，另外一个房间有控制这三盏灯的三个开关，这两个房间是分开的，从其中一间看不到另外一间的情况。你只能分别进这两个房间一次，然后判断出这三盏灯分别是由哪个开关控制的。有什么办法呢？

3. 假设有一个池塘，里面有无穷多的水。现有 2 个空水壶，容积分别为 5 升和 6 升。如何只用这 2 个水壶从池塘里取 3 升水。

二、头脑风暴（每小题 10 分，共 70 分）

1. 请你写出所能想到的带“土”字旁的字，写得越多越好。(时间：5 分钟)

2. 请问“申”字中藏了多少个字？(时间：1 分钟)

3. 给你两个圆（○○）、两条直线（｜｜）和两个三角形（△△），请组成各种有意义的图案，越多越好。(时间：10 分钟)

4. 尽可能多地想象“△”和什么东西相似？(时间：5 分钟)

5. 将下列事物按照性质尽可能多地分类：鸭、菠菜、石、人、木、菜油、铁。（时间：5 分钟）

6. 请说出一只猫与一台冰箱的相似之处，说得越多越好。(时间：5 分钟)

7. 请你根据以下故事情节，用简洁的语言（不超过 100 字）写出故事各种可能的结尾，越多越好。(时间：20 分钟)

地球上只剩下了最后一个人，他坐在书桌旁看书，突然响起了敲门声……

三、挑战规则（每小题 20 分，共 60 分）

1. 8 减 6 等于 2，在什么情况下 8 加 6 也等于 2？

2. 有一个数字，去掉第一个数字是 15，去掉最后一个数字是 30，请问这个数字是多少？

3. 用六根火柴可摆出四个大小相等的等边三角形，请提出与下图不同的方法。

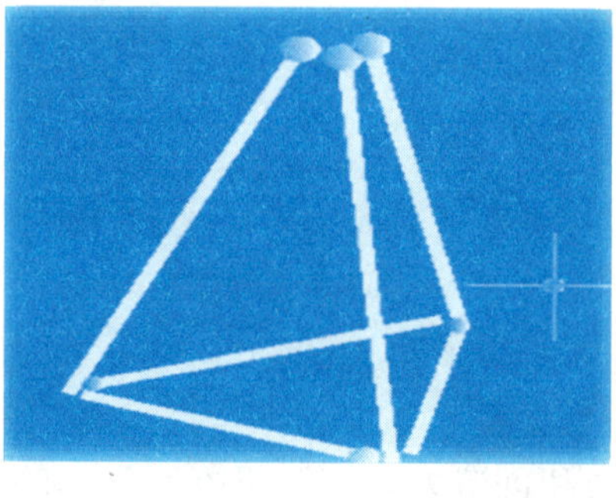

第四章

创新技法

光有知识是不够的，还应当应用；
光有愿望是不够的，还应当行动。

——歌德

学习目的

1. 了解创新发明的一些原理、技巧和方法。
2. 能够运用、借鉴创新技法，设计、制作小作品。
3. 培养创新意识，养成动手、动脑的习惯。

内容描述

所谓创新技法，就是根据创新思维发展规律总结出的创新发明的一些原理、技巧和方法。在创新实践中总结出的这些创新技法可以在其他创新过程中加以借鉴和使用，从而提高人们的创造能力和创新成果的实现率。至今，国外已有 300 多种方法问世，我国也有几十种方法研究成功。其中最常用的有头脑风暴法（又称智力激励法）、缺点列举法、希望点列举法、组合法、检核表法、5W2H 分析法、废物利用法等。

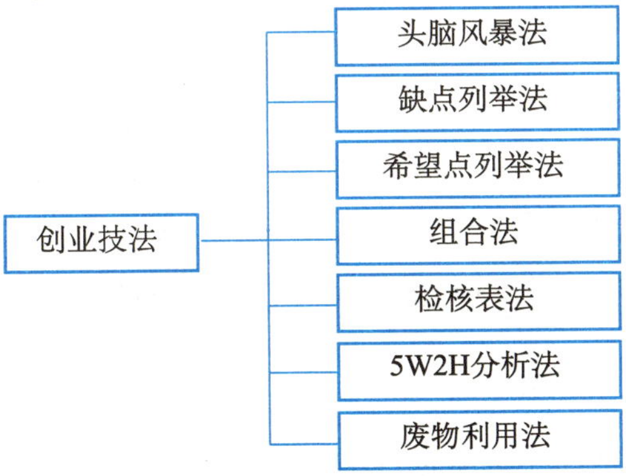

第一节　头脑风暴法

案　例

盖里莫公司的创新

盖莫里公司是法国一家拥有300人的中小型私人企业，该企业生产的电器，在市场上受到其他企业同类产品的竞争压力很大。该企业的销售负责人参加了一个关于发挥员工创造力的会议后大受启发，开始在自己公司组织一个创新小组。在冲破了来自公司内部的阻碍后，他把整个小组（约10人）安排到了一家农村小旅馆里，在三天中，采取了多种措施避免外部电话或其他因素的干扰。

第一天，进行人际关系训练，通过各种训练，组内人员开始互相认识，相互之间的关系逐渐融洽，开始还有人感到惊讶，但很快他们就进入了角色。

第二天，进行创新技能训练，开始涉及头脑风暴法。他们要解决的问题有两个：第一，发明一种拥有其他产品没有的新功能的电器；第二，为新产品命名。在这两个问题的解决过程中，都用到了头脑风暴法。在为新产品命名的过程中，经过两个多小时的热烈讨论，大家共起了300多个名字，主管则将这些名字暂时保存了起来。

第三天，主管让大家根据记忆，默写出昨天大家提出的产品名。在300多个名字中，大家记住的只有20多个。然后主管又在这20多个名字中筛选出了3个大家最为认可的名字。再将这些名字征求顾客意见，最终确定了一个。

结果，新产品一上市，便因其新颖的功能和朗朗上口、让人回味的名字，受到了顾客的热烈欢迎，迅速占领了大部分市场，在竞争中击败了对手。

思考讨论

1. 面对市场上其他企业同类产品的竞争压力，盖莫里公司是如何迅速占领大部分市场击败竞争对手的？销售负责人是如何“集思广益”的？

2. 俗话说“三个臭皮匠，赛过诸葛亮”，你如何理解这句话？

一、 头脑风暴法的概念

头脑风暴法是一种从心理上激励群体创新活动的方法，是美国企业家、创造学家奥斯本于1938年创立的。为了排除由于害怕批评而产生的心理障碍，奥斯本提出了延迟评判原则。他建议把产生设想与对其评价的过程在时间上分开进行，并且要由不同的人参加这两个过程。

1. 头脑风暴小组的组成

（1）设立两个小组。每组成员各 4～15 人（最佳构成为 6～12 人）。

第一组为“设想发生器”组，简称设想组。其任务是举行头脑风暴会议，提出各种设想。第二组为评判组，或称“专家”组。其任务是对所提出设想的价值做出判断，进行优选。

（2）主持人的人选。两个小组的主持人，尤其是头脑风暴会议主持人的表现对于头脑风暴会议能否成功举行至关重要。主持人应具有民主作风，要做到平易近人、反应机敏，而且要有幽默感，在会议中既能坚持头脑风暴会议的原则，又能调动与会者的积极性。主持人的知识面要广，对讨论的问题要有比较明确和深刻的理解，以便在会议中积极启发和引导组员。

（3）组员的人选。设想组成员应具有抽象思维的能力、纵恣幻想和自由联想的能力，最好预先对组员进行创新技法培训。评判组成员应具有较强的分析能力和深刻的评价能力。

2. 头脑风暴会议的原则

（1）自由畅想原则。该原则要求与会者自由畅谈、尽情想象，不受常识和已知规律的束缚。想法越新奇越好，因为设想越新奇，就越能对新设想的产生发挥更大的启发作用。多样化的设想是创新的催化剂，没有它们就不可能产生真正的创新。

（2）严禁评判原则。该原则要求对别人提出的任何设想，即使是幼稚的、错误的、荒诞的都不许批评。不仅不允许公开的口头批评，就连诸如怀疑的笑容、神态、手势等隐性式批评也不例外。这一原则也要求与会者不能进行肯定式的判断，比如，“×××的设想棒极了！”因为这样会使其他与会者产生一种冷落感，也容易造成“业已找到圆满答案而不值得再深思下去”的错觉，从而影响创造性的发挥。

（3）谋求数量原则。会议强调在有限的时间内提出设想的数量越多越好。在会议过程中设想应源源不断地提出来，为了更多地提出设想，可以限定提出每个设想的时间不超过两分钟，当出现冷场时，主持人要及时启发、提示，或是自己提一个幻想性设想使会场重新活跃起来。

（4）借题发挥原则。会议鼓励与会者用别人的设想开拓自己的思路，提出更新奇的设想，或是补充他人的设想，或是将他人的若干设想综合起来提出新的设想。

二、 头脑风暴法的实施步骤

1. 准备阶段

准备阶段包括产生问题，组建头脑风暴小组，培训主持人和组员，以及通知会议的内容、时间和地点。

2. 热身活动

热身活动可使使头脑风暴会议形成热烈和轻松的气氛，使与会者的思维活跃起来。可以做一些智力游戏，如猜谜语，讲幽默小故事，或者出一道简单的练习题等。

3. 明确问题

由主持人向大家介绍所要解决的问题。问题提得要简单、明了、具体。对一般性问题要把它分成几个具体的问题。比如“怎样引进一种新型的合成纤维?”这个问题就很不具体，本问题至少应分成三个小问题：第一，“提出把新型纤维引入纺织厂的方法”。第二，“提出将新型纤维引进服装店的设想。”第三，“提出将新型纤维引进零售商店的设想”。

4. 自由畅谈

与会者可自由地提出设想。主持人要坚持原则，尤其要坚持严禁评判的原则。对违反原则的与会者要及时制止。如坚持不改可劝其退场。会议秘书要对与会者提出的每个设想予以记录或作现场录音。

5. 会后收集设想

在会议的第二天再向组员收集设想，这时得到的设想往往更富有创见。

6. 如问题未能解决，可重复上述过程

在用原班人马时，要从另一个侧面或用最广义的表述来讨论课题，这样才能变已知任务为未知任务，改变与会者的思路轨迹。

7. 评判与优选

对头脑风暴会议所产生的设想进行评价与优选应慎重行事。务必详尽细致地思考所有设想，即使是不严肃的、不现实的或荒诞不经的设想亦应认真对待。

砸核桃

主持人：我们的任务是砸核桃，要求砸得多、快、好，大家有什么好办法?

甲：平常在家里是用牙咬、用手掰、用门压、用榔头砸、用钳子夹。

主持人：大家再想一想，用什么样的力才能把核桃砸开，用什么办法才能得到这些力?

甲：需要一个集中挤压力，用某种东西冲击核桃，就能产生这种力……或者相反，用核桃冲击某种东西!（逆向思维）

乙：可用气枪往墙上射核桃，比如可以用装泡沫塑料弹的儿童气枪射。

丙：当核桃落地时，可以利用重力。

丁：核桃壳很硬，应该先用溶剂使其软化、溶解……或者使其变得较脆……要使核桃变脆，可以冷冻。

主持人：鸟儿用嘴啄……或者飞得高高的，把核桃扔到硬地上。我们可以将核桃装在袋子里，从高处（例如在热气球上、直升机上、电梯上等）往硬的物体（例如水泥地板）上扔，然后把摔碎的核桃拾起来。（类比）

主持人：如果我们运用逆向思维来解决问题，又会怎样？

丁：可以把核桃放在空气室里，往里打气，然后使空气室里的压力锐减，因为核桃内部的压力不能立即降低，这时，内部气压就会使核桃破裂（发展了上一个设想）。或者使空气里的压力交替地剧增与锐减，使核桃壳处于变负荷状态下。

在头脑风暴会议中，只用 10 分钟就得到了 40 个设想，其中一个方案（使放核桃的空气室里的空气压力超过大气压力并随即降到大气压力以下，核桃壳破裂，核桃仁保持完好）获发明专利。

专题训练

1. 体验头脑风暴会议。

参与人数：5～7 人/组；时间：20 分钟；材料：铅笔或者其他任何物品；场地：不限，最好是带沙发的休息室。

● 活动目标

（1）培养创造性思维。

（2）理解培养创造性思维的意义。

● 活动程序

（1）确定一样物品，可以是铅笔或者其他任何东西，让学生在 20 分钟以内想出尽可能多的用途。

（2）5～7 人为一组，每个组选出一人记录本组所想出的主意，20 分钟后，选出本组最新奇、最疯狂、最具建设性的主意，想法最多、最新奇的组获胜。

● 活动规则

（1）不许有任何批评意见，只考虑想法，不考虑可行性。

（2）想法越新奇越好，鼓励异想天开。

（3）可以寻求各种想法的组合和改进。

● 相关讨论

（1）在头脑风暴会议中，你是否遇到了之前没有想到的问题？你是如何解决的？

（2）头脑风暴法对于解决问题有何好处？

● 总结分享（略）

2. 地球上有取之不尽的空气，请你提出一个用空气赚钱的设想。

（1）将学生分成若干小组，每组 6 人，坐成一圈。

（2）要求每人 5 分钟内在各自的卡片上写出 3 个设想，然后由左向右传递给相邻的人。

（3）每个人接到卡片后，在下一个 5 分钟内再写 3 个设想，然后再传递出去。如此传递 6 次，半小时即可进行完毕，同时可产生 108 个设想。

评价标准：以独创性、可行性和实用性为标准进行评价，择优选用，获取创造性方案。

第二节 缺点列举法

案例

凹底运动鞋的诞生

20 世纪 50 年代有个叫鬼冢喜八郎的日本人，得知体育运动要大发展，便想生产运动鞋发财致富。但他一无资金，二无生产设备，怎么能与已有的厂家竞争呢？他想，任何商品都不是完美无缺的，如果能抓住哪怕针眼大的小缺点进行改革，也能研制出新产品。于是，他便选了一种篮球运动鞋进行研究。他先访问优秀的篮球运动员，听他们说目前篮球运动鞋的缺点。其中很多运动员都说，现在的运动鞋容易打滑，止步不稳，影响投篮的准确性。他还和运动员一起打球，亲身体验这一缺点。于是，他围绕打滑这一缺点进行革新。

有一天他在吃鱿鱼时，忽然看到鱿鱼的触足上长着一个个吸盘。他想，如果把运动鞋底做成吸盘状，不就可以防止打滑了吗？于是他就把运动鞋原来的平底改成了凹底。试验一举成功，人们争相购买，产品备受欢迎。

思考讨论

1. 鬼冢喜八郎发明“凹底”运动鞋运用了什么思维方法？

2. 请你观察学习、生活用品中存在的“缺点”，举出两个实例加以分析并提出改进意见。

一、 缺点列举法的概念

缺点列举法就是通过发现、发掘事物的缺陷，设计改革方案，进行发明创造。缺点列举法是一种行之有效的发明技法。因为任何事物都不是完美的，总是优缺点并存。或者，今天看起来没有缺点，但是过了一段时间后，它的缺点就会暴露出来。因此，只要我们处处留神，时时观察，产品的缺点是不难发现的。

应用缺点列举法进行发明创造，需要注意以下事项。

1. 敢于质疑，发现缺点

通常，人们对于正在使用着的东西，看久了，习惯了，就认为它的结构是天然合理的，常常看不到它的缺点，即使看到了，也认为“就应该是这个样”。

小铁铲的改进

山西省太原市的中学生王刚，突破思维定式，善于发现，敢于质疑，对传统小铁铲进行了大胆革新。他说：“我家有把小铁铲，用来铲垃圾或蜂窝粉等东西。铁铲铲了东西，但不容易端平，于是铲里的东西常常往下掉，总是铲不干净。有时，用手或扫帚压住铲里的东西，拿着又很别扭。”铁铲的缺点被王刚发现了，发明点选准了，他便进行设计、实验。他找了一根较粗的、比小铁铲柄长一些的铁丝，一端按小铁铲铲面的大小，做成环形。环形的下端敲扁向下折成 90°，然后在环形铁丝边沿装一块薄铁皮，呈勺形。铁丝的另一端绕一圈后，缚在小铁铲把柄的端头。

这样，当铁铲铲上东西后，用手捏紧把柄与铁丝，使铲与罩合拢，铁铲里的东西就再也掉不下来了。当松开铁丝时，铁丝向上弹起，铲里的东西也可很方便地倒出来。

2. 调查研究，列举缺点

我们不可能使用过所有的产品，而使用过这些产品的人，对产品的优点、缺点是最清楚的。因此，我们需要听取使用者对产品的意见，并亲自体验，以了解产生缺点的症结所在。

减震球拍

日本美津浓有限公司原是生产体育用品的一家小厂，为了打开产品销路，厂里的开发人员到市场上去调查。在调查中，他们发现，初学网球者在打球时不是打不到球，就是经常打“触框球”，让人十分头疼。很多人都想，要是球拍大一点，也许就不会出现上述毛病了。国际网联规定，球拍面积必须在 710 平方厘米之下。美津浓有限公司就专门做了一些比标准球拍面积大 30％的初学者球拍。这种球拍一上市果然很畅销。

后来该公司又了解到初学者在打网球时，手腕容易患一种皮炎，其被人们称之为“网球腕”，这种病主要是由于腕力弱的人在打球时发生腕震造成的。于是，该公司又发明了减震球拍。

3. 做好记录，随时备查

发现缺点，并不意味着就一定能实现产品创新，有时要等很久，因此，做好记录，随时备查是很重要的。科学家常说，最淡的墨迹胜过最好的记忆。这就是说，记录能帮助你记忆。再者，发明者对产品所列举的缺点不可能都是成熟的观点，都能演绎成发明命题。然而，记录的多了，就会提高发现创新性选题的概率，设计成熟方案的可能性自然也就增加了。

蛇管泵

日本有一位名叫斋藤的卡车司机，在工作中有做记录的习惯。一天行车途中，因汽油用完而向过路的汽车索油。当时，他没有抽油的工具，只得对着橡皮管用嘴吸。在路途中，不可能马上去研究发明方案，他便做了记录。事隔不久，他看到了这条记录，又联想到在橡皮管上安个泵就可以代嘴吸了。后来，他发明了输送汽油的蛇管泵，并获得了发明奖。

二、缺点列举法的实施步骤

缺点列举法的实施步骤如下：

(1) 首先选定一个要改进的产品或方案；

(2) 尽量列举这一产品或方案的缺点（可用头脑风暴法、调查研究、征求意见、亲身体验等方法），可以从操作方法、使用对象、功能结构、外形等方面寻找物品的缺点；

(3) 将众多缺点加以归类整理；

(4) 针对缺点进行分析，改进或创造出新产品。

我们要随时留意日常使用的物品存在哪些不足或不便之处，并善于抓住物品的不足深究细挖。伞是大家常用的遮阳、避雨的工具，似乎没有什么文章可做，可一些发明家却抓住它不放，于是太阳伞、双人伞、折叠伞、母子伞、快干伞、天文伞等不断面世。可见，一件事物有很多可挖掘的发明题材，而同一题材又可用不同的设计方案创造出不同的发明。再拿钢笔来说，它的缺点很多，如笔帽容易脱掉或丢失，笔尖容易堵塞，圆形笔杆容易从桌上滑落损坏笔尖，晚上停电或野外作业写字看不见等。当你尽可能地列举出某一物品的诸多缺点后，再根据你的能力，选择某一缺点作为研究对象，就可以确定一个发明课题。

会说话的商品

英国人推出了一种会说话的吸尘器。这种吸尘器会说“垃圾满了”“垃圾袋的位置没放好”“吸管里好像有什么东西塞着”等，随时给予用户必要的提示。

日本人研制出一种会说话的复印机。它会提醒使用者：“复印纸用完了”“稿件在复印机上”“炭粉快用完了”，等等。机器会说话，大大方便了使用者。日式照相机中有一款会说话的，它会适时提醒主人：“光线不足，请使用闪光灯”“焦距不对，请调节”，等等。这对于不擅长摄影的人来说是一个不小的帮助。

专题训练

1. 选择一件产品（如手机、笔记本电脑等），找出其缺点（10 个以上），并想出 1～2 个改善方案。具体步骤是：

（1）尽量列举产品的缺点：通过各种途径尽量多地收集产品的缺点，如向用户咨询，到生产一线的技术人员、工人中去了解；召开专门的调查会；对同类产品进行比较等。

（2）对缺点加以归类整理：有的属于功能性缺陷，有的属于原理性缺陷，有的则属于结构性缺陷。

（3）对缺点进行分析改进：对收集到的各种缺点进行分析，会发现有的缺点很重要，有的缺点则无碍使用，还有的缺点则很难改进。经过分析研究后，抓住一个主要缺点及相关缺点，重点攻关。

说明：分组完成；优选方案；寄送给相关企业。

2. 改进蚊香。

在炎热的夏天，蚊子的嗡嗡之声让人生厌。点上蚊香固然不错，但烟气缭绕，很呛人。市面上出售的“电子蚊香”是在一块 PTC 材料制成的加热器上放置一片含有除虫菊脂的药片，受热时挥发出清香的气味，达到驱蚊的目的。但其也有缺点，如它增加了电能的消耗。

上述列举了现在市面上常见蚊香的缺点，请你设法改进。

第三节　希望点列举法

案　例

小小螺丝一年炒出 150 万元

——分宜下岗职工陈长青 17 年成就创业梦

陈长青下岗之初，一没技术，二没资金。陈长青思来想去，决定在自家旁边的分宜电厂开一家餐饮店。经过一番准备，陈长青的餐饮店开张了。

“餐饮店一定要打造特色。”陈长青回忆，“开店前，两个女儿在我们村前的田里和水沟里经常捡些螺丝回家炒着吃，味道不错。有一次几个顾客来店就餐，看到我们一家人正在吃螺丝，于是其中一人就拿了一颗品尝了一下，然后又叫同桌的人来品尝，都说味道不错，并当即要我们炒一盘，而且建议把炒螺丝打造成我们店的特色菜。我听后深受启发。”

陈长青开始潜心研究：每次炒螺丝他都会请一些朋友来品尝，请大家提意见，然后再对烹饪方法进行调整。经过两三年的努力，并不断在一些烹饪细节方面加以改进，慢慢地，分宜电厂螺丝开始被顾客接受了。酒香不怕巷子深，分宜电厂螺丝被顾客一传十、十传百地传开了。

一盘螺丝，从原来的 5 元、10 元，卖到了现在的 20 元；从原来的一天几斤，卖到了现在的七八十斤，最高峰的一天甚至卖出了 150 斤；原来七八万元的年营业额，到 2014 年已达到 150 万元。经过 17 年，陈长青创立了一个独具新余特色的餐饮品牌，也实现了自己的创业梦。

令陈长青欣慰的是，他的两个女儿跟他学了三年后，已经完全掌握了炒螺丝的烹饪技巧，她们店的年营业额也都突破了百万元。

陈长青现在最想做的就是，如何让分宜电厂螺丝这个地方特色品牌发扬光大，成为全国餐饮市场上的知名品牌。他希望自己在小螺丝上干出一番大事业，以无愧于自己的餐饮人生。

思考讨论

1. 陈长青是如何一步步走向成功的？对我们有什么启示？
2. 为自己的职业设定一个目标，制订一个完整计划，并付诸实践。

一、 希望点列举法的概念

在日常生活中，每个人都有这样或那样美好的愿望，如上课时，希望教师用的粉笔没有灰尘；练字时，希望毛笔能自动出墨；上学途中下雨，希望书包能当伞用……这种种美好的希望，如果处理得法，就有可能转化为发明课题。

希望点列举法就是发明者根据自己或他人提出的各种希望进行发明创造的方法。换句话说就是，在仔细观察和充分调研的基础上，从生活、学习、工作的需要出发，根据你或别人的某种希望，提出你所“希望”的事物的形象，再运用自己学过的知识和别人经验，提出切实可行的办法。

人力飞机

达·芬奇是 15 世纪的意大利人。他希望人们能利用自己的力量飞上天。于是，他从自己的“愿望”出发，设计了一种人力飞机，让人趴在上面，手脚一齐用力，使装有羽毛的飞机两翼像鸟一样，扑动并飞翔起来。尽管他的这个设计没有成功，但他希望用人力实现飞行的愿望，经过人们几百年的努力，终于成功了。现在的人力飞机不仅能飞起来，而且能飞过英吉利海峡。达·芬奇的愿望实现了。

二、 希望点列举法与缺点列举法

希望点列举法不同于缺点列举法。后者是围绕现有物品的缺点提出各种改进设想，这种设想不会离开物品的原型，因此，它是一种被动型发明创造方法。希望点列举法则是从发明者的意愿出发提出各种新设想，它不受原有物品的束缚，因此，它是一种主动型发明创造方法。现在市场上的许多新产品都是根据人们的“希望”研制出来的。例如，人们希望茶杯在冬天能保温，在夏天能隔热，于是保温杯就面世了。

应用希望点列举法进行发明创造，需要注意以下事项：

1. 这里的“希望”是指社会的希望、大众的希望

我们要向社会和大众了解他们的希望是什么。比如在研制新服装时，人们提出的希望有：不要纽扣，冬暖夏凉，免洗免熨，花色可变，两面都可以穿，重量轻，肥瘦都可以穿，脱下来可作提物袋，等等。现在，具有部分上述功能的衣服在日常生活中已变成了现实。

2. 时刻注意观察周围的事物，处处留心人们的“希望”

要时刻观注生活中的各种事物，留心人们对各种事物希望改进的地方。郑州七中一年级的温智红想到小孩子在用凉水瓶倒水时很不安全，于是就提出了不用倒水就能喝到水的发明课题——“自动出水瓶”。他在凉水瓶上装了一个软木塞，软木塞上钻了两个孔，在两个孔上插入两根长短不一的玻璃管：长的一根接近瓶底，叫出水管；短的一根叫进气管。进气管口下边接一根短一点的软皮管，从侧面切开一个 10 毫米长的口子，下头用圆木棒堵死，这是进气阀。再找一个软塑料玩具，头上钻一个小进气孔，去掉圆哨，插在短玻璃管上当作打气的球。要喝水时，用指头按住小孔，来回捏玩具，随着瓶内气压增高，水就会从出水口自动流出。

3. 在提希望点时要注意可能性和科学性

（1）可能性。提希望点时要“瞻前顾后”。“瞻前”是指所想到的希望点是否已有前例。“顾后”是指所选题目是否与当时的科技水平相适应，是否有完成的可能性。著名发明家爱迪生曾用希望点列举法提出了一个课题：声动马达。他设想，声音是能量的一种表现形式，将噪声收集存储起来，通过一个转换系统，就可将它转变成机械能，使机器运转。这个设想虽然合理，但这个选题在当时受科技水平限制却无法实现。

（2）科学性。提出的希望点要具有科学性。违背科学性的任何设想都会落空。自古以来有许多人希望自己长生不死，从而希望研制出“长生不老药”。还有人曾研究过“永动机”：设想在没有温度差的情况下，从海水里不断吸取热量，再把这些热量转变成机械能，从而制造一部发动机。这些设想违背了科学性，自然不会成功。

测速鞋

一天，英国发明家维利·约翰逊同一位鞋厂老板聊天，老板正在为产品滞销发愁，希望约翰逊能帮他研制一种畅销的鞋。

当晚，约翰逊躺在床上，琢磨着怎样完成这个任务。在不经意间，他回忆起幼年的一件往事：上小学时，老师曾布置过一个作业——计算从家里到学校一共要走多少步，然后再量出一步的距离，最后计算出总路程。想到这里，约翰逊的大脑突然冒出一个想法，如果发明一种可以测量距离的“记步鞋”，肯定能够畅销。

深思熟虑后，约翰逊便动起手做了起来。他在一双经过特别加工的鞋垫内安装了一台微型电脑，鞋面则装有显示器。穿鞋的人每走一步，所走距离的数据便会在鞋面上显示出来。后来，他又对“记步鞋”做了进一步改进，开发出穿上后可以计算时间、测量距离、显示一个人跑步速度快慢的“测速鞋”。

“测速鞋”投放市场后，深受中小学生和运动员的喜爱，被誉为“魔鞋”。在欧美上市的第一年就销售了10万多双。

专题训练

请你用希望点列举法进行发明设计。

1. 快速画角平分线。

画角平分线一般要利用直尺和圆规来完成。在缺少工具的情况下怎么办呢？有人将画有角的纸对折，让两角边重合，则该折痕就是角平分线。但是这种方法不巧妙，你能想出巧妙的办法吗？

2. 让胶水在瓶中流动得快些。

胶水是一种流动性很差的胶体。当胶水用得所剩无几时，再用它就要倒转瓶子，耐心地等待它慢慢流出。你能在不稀释胶水的情况下，使胶水的流动速度快一些吗？

第四节　组合法

案例一

笔+握笔器

市场上有一种奇特的商品：它自身没有独立的用途，只有附着在其他事物上，才能显示其亮点——握笔器。小学一年级新生在学习握笔时，老师、家长都得手把手地教，费心费力不说，到头来小朋友能真正做到规范握笔的也并不多。这个大难题叫人伤透了脑筋。于是有人发明了握笔器——以指模的形式规定了握笔时指头的位置：用上握笔器，不用教，一套就行，你想不规范都不行。长期使用，养成习惯，正确握笔的姿势也就形成了。家长们花小钱，就可以解决大难题。

对于提出创意的人而言，创意虽小，效益则非常可观。试想，全国每年有多少小学一年级新生，纵然只有百分之一的人购买，数量也极其可观。

案例二

剪刀+锯齿

山东的一名中学生林峰家里承包了几亩果园，他和爸爸给果树剪枝时发现，用剪枝剪剪细的树枝还可以，剪稍微粗的树枝时，树枝就会在刀口上向前滑脱，多剪几次才能剪掉，既费时又费力。能不能不让树枝向前滑动呢？在老师的指导下，他在剪刀刀口外侧安装了一块带锯齿的铁板，这一改进既不影响刀口的剪切效果，又可防止树枝滑脱。

剪刀加锯齿，解决了大问题。该发明——防滑剪枝剪也在第七届全国青少年发明创造比赛中获得了二等奖。

思考讨论

日常生活中诸如上述案例中“笔＋握笔器”“剪刀＋锯齿”这种组合性的小发明比比皆是，请你举出 3 种属于组合发明的物品，想想这些组合是怎样解决“难题”的。

一、 组合法的概念

橡皮和铅笔是两种不同的物品。画家威廉把它们组合在一起，于是发明了带橡皮的铅笔，他也因此获得了专利。随后他把这个专利卖给了拉巴地布铅笔公司，使该公司每年仅专利费一项收入就达 50 万美元。一家音乐公司的技术员豪斯菲尔德把超声检查仪与计算机图像识别技术组合起来，发明了能够进行人体内部检测的 CT 扫描仪，因而获得了诺贝尔医学奖。

以上这些发明所使用的技法被称为组合法。它是在发明创造中，把多种技术成果综合在一起，构思出新颖的设计和独特的功能的方法。组合型的技术发明使技术成果更加完善和成熟。有人对 20 世纪以来的 480 项重大成果进行了分析，发现从 1950 年以后，组合型成果的数量远远超过了突破型发明的数量。

运用组合法要注意些以下事项。

1. 组合要有选择性

世界上的事物千千万万，在发明创造活动中，对其不加选择地加以组合是不现实的，即应该选择适当的物品进行组合。如国外一家公司曾大力推广一种集收听广播、照相两种功能于一体的电器，即将收音机、照相机组装在一个壳子里。虽然广告宣传如何便利、实用，但实际上，拍照时，收音机毫无用处；而在听收音机时，照相机又成了累赘，而且也没有节省材料，这样的组合显然是不可取的。

2. 组合要有实用性

通过组合应实现提高效益、增加功能，使事物相互补充、取长补短、和谐一致等目的。例如，将普通卷笔刀、盛屑盒、橡皮、毛刷、小镜子组合起来的多功能卷笔刀，不仅能削铅笔，还可以盛废屑、擦掉铅笔写错的字、照镜子，大大增加了卷笔刀的功能，实用性很强。

3. 组合要有创造性

通过组合要使产品内部协调、互相补充、相互适应、更加先进。山东省青岛市某小学五年级学生刘筱锴发明的保健电热烘鞋器就体现这一特点。当鞋子湿了，将烘鞋器插入鞋里，就可以把鞋烘干。这个烘鞋器用电熨斗芯作热源，用铜管、铜片当散热器，把除臭味的药粉填撒在散热片之间，用尼龙袜套起来。

巧妙的组合是无穷无尽的。注意组合的规律性，可以给发明者提供创造性的想象天地。然而，组合并不是凑合，不加选择地把两样物品随意组合在一起是行不通的，也没有必要。只有恰当的、实用方便的组合，才可以使不同的事物相互补充、和谐一致。

二、 组合法的分类

组合法常用的有主体附加法、异类组合法、同物组合法、重组组合法等。

1. 主体附加法

主体附加法是指在原有的技术或思想中补充新内容，在原有物体上增加新附件的方法。例如，衣服上的服饰，配有文字的“文化衫”。主体附加可以是一种附加物置于几种元件上，如电子表可置于文具盒上、圆珠笔上、手链上……也可以是在一个主体上增加几种附加物，如既可将照明灯安装到旅游帽上，还可以在帽上加一些其他饰物。需要注意的是，附加物不能削弱原有物品的功能，而是要完善或增加原有物品的功能。例如，在书包上涂上一层反光材料，可以提高小学生过马路时的安全系数，但这种功能的增加不能影响书包功能的使用，更不能对人体造成伤害。

2. 异类组合法

异类组合法是指通过将两种或两种以上不同领域的技术或思想，或者两种或两种以上不同功能的器物组合进行发明创造的方法。在组合中，可以是实物之间的组合，也可以是实物与抽象事物之间的组合，或者是抽象事物之间的组合。例如电脑和手机的组合构成集字典、计算器、绘画、发送信息等功能于一体的新产品，又如儿童食品与谜语、脑筋急转弯、有奖销售、字画组合形成新的具有更多文化内涵的产品，这些都是异类组合。

异类组合的特点是，组合对象来自不同领域，无主次之分，组合对象在某一方面或多方面相互渗透，几个物体间存在着共有部分。

3. 同物组合（同物自组）法

同物组合法是指通过将若干相同事物组合进行发明创造的方法。如情侣手表（男女两种款式的手表的组合）、双排订书机（两个订书机的组合）、多头听诊器等。

同物组合的特点是，组合的对象是两个或两个以上的同一事物；参与组合的对象，其原理和结构等与组合前没有发生根本变化；组合通常具有一致性。

同物组合主要是通过增加数量来弥补原物功能的不足，或获得新功能。例如，欧洲航空科研机构研制的双体飞机。

4. 重新组合法

重新组合法是指通过对某一事物按不同层次进行分解，再以新思维组合起来进行发明创造的方法。例如，组合家具、儿童积木等。

重新组合的特点是：组合在同一事物内部进行；一般不增加新部件；改变事物组成部分之间的相互关系。

“明亏暗赚” 销售法

——局部减法，整体加法

日本有个商人开了一家药店，取名为“创意药局”。一开业，他就将当时售价为200日元的常用膏药以80日元卖出，由于价格比别人低了许多，所以生意十分兴旺。有些顾客宁可多跑路也要到他的药局来购药。膏药的畅销使这位商人的亏损越来越大，但也使“创意药局”很快有了知名度。3个月过后，药局开始赢利了，而利润越来越大。为什么呢？因为前来购药的顾客单纯买膏药的并不多，而许多人在买膏药时也会买一些其他药品，而这些药品则是有利可图的。靠着低价卖膏药招揽顾客，靠着出售其他药赢得利润，“创意药局”不仅取得了良好收益，而且还赢得了顾客信任。

专题训练

1. 猜猜以下产品是什么组合。

日常生活中的组合类产品很多，如磁化杯、情侣表、双层列车、可视电话、足球机器人、雨靴、儿童积木、多功能刀、蒸汽电熨斗、药物牙膏、两用笔、柠檬茶、鸡尾酒（俄国的伏特加、法国的香槟、意大利的葡萄酒、德国的威士忌……兑到一起）、“真人秀”类电视节目、图形组合、电火锅、音乐贺卡、多功能豆浆机等，在这些组合中，哪些比较容易，哪些比较难呢？

总结：组合的数量为两个或两个以上；组合主体多种多样，有具体的事物、图形、功能，也有抽象的意义、原理、数字、文化；难度从有形的、具体的，到无形的、抽象的逐步增加。

2. 请你发明设计。

为了节省空间，人们发明了不少组合物品，如组合螺丝刀、组合玩具、组合家具等。请你发明一种组合物品，可画图说明，也可制成模型或实物。

第五节 检核表法

案例

从计算机到 VCD、学习机

计算机是高科技的象征，西方世界首先研发出计算机、微电脑，创造了惊人的社会和经济效益。作为发展中国家的我国，在这方面相对落后，只能奋起直追。但也有思维独到的人反其道而行之，不做加法，而作减法，力图在简化中寻找出路。他们的付出取得了令人欣喜的成果——将计算机中的光驱与解码功能分解出来，就发明了备受消费者欢迎的 VCD；将计算机中的文字录入、编辑和游戏功能分解出来，就发明了学习机。VCD 与学习机的问世，创造了一个消费热点，也造就了一个产业。

思考讨论

请用上述案例中的发明方法对热水瓶、算盘、轮胎、自行车进行某些方面的改变。

一、检核表法的概念

检核表是由创造技法奠基人奥斯本于 1939 年提出的，该表原来仅作为智力激励法的辅助工具，供会议主持人引导发言使用。后来在实践中发现，该表不仅能够引导怎样提问题，而且还能启发和产生大量创造性的设想，从而演变为一种创造技法，其基本内容如表 4-1 所示。

表 4-1 检核表法的基本内容

检核项目	含义
1. 能否他用	现有的事物有无其他用途；保持不变能否扩大用途；稍加改变有无其他用途
2. 能否借用	能否引入其他创造性设想；能否模仿别的东西；能否从其他领域、产品、方案中引入新的元素、材料、造型、原理、工艺、思路
3. 能否改变	现有事物能否做些改变，如颜色、声音、味道、式样、花色、音响、品种、意义、制造方法；改变后效果如何
4. 能否扩大	现有事物可否扩大适用范围；能否增加使用功能；能否添加新部件；能否延长它的使用寿命；能否增加它的长度、厚度、强度、频率、速度、数量、价值

续前表

检核项目	含义
5. 能否缩小	现有事物能否缩小体积、减短长度、减轻重量、减薄厚度以及拆分或省略某些部分（简单化）；能否浓缩化、省力化、方便化、短路化
6. 能否替代	现有事物能否用其他材料、元件、结构、力、方法、符号、声音等代替
7. 能否调整	现有事物能否变换排列顺序、位置、时间、速度、计划、型号；内部元件可否替换
8. 能否颠倒	现有事物能否从里外、上下、左右、前后、横竖、主次、正负、因果等相反的角度颠倒过来使用
9. 能否组合	能否进行原理组合、材料组合、部件组合、形状组合、功能组合、目的组合

上述九组问题对于任何领域创造性地解决问题都是适用的，这九个问题不是奥斯本凭空想象出来的，而是他在研究和总结大量近现代科学发现、发明、创造性成果的基础上归纳出来的。

依照奥斯本编制的九组问题逐一分析、讨论，从中引发思考，进而形成创造性设想的方法被称为奥斯本检核表法。奥斯本检核表法的核心是改进，或者说关键词是“改进”，即通过变化来改进。

二、 检核表法的实施步骤

运用检核表法进行发明创造的实施步骤如下：首先，选定一个要解决的问题或要改进的产品或方案；其次，面对需要解决的问题或需要改进的产品或方案，从以上九个角度（检核项目）提出一系列问题，并由此产生大量的设想；再次，根据第二步提出的设想，进行筛选和进一步思考、完善；最后，验证所提出的设计方案。如图 4－1 所示。

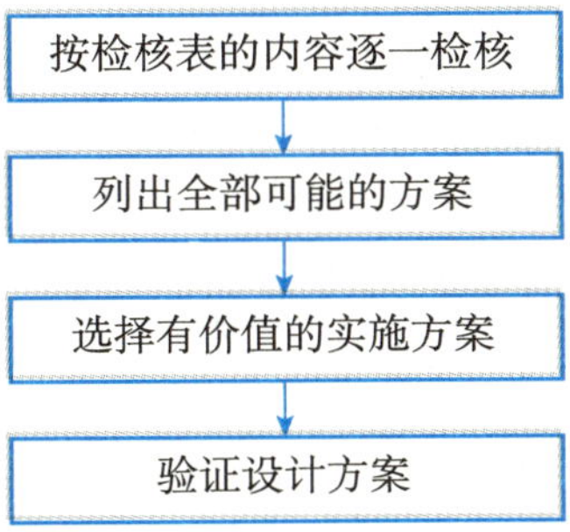

图 4－1　检核表法的实施步骤

注意事项：

（1）要联系实际一条一条地进行检核，不要遗漏。

（2）多检核几遍，效果会更好——能更准确地选择出所需创新、发明的内容。

（3）在检核每项内容时，要充分发挥自己的想象力和联想力，以产生尽可能多的创造性设想。进行检索思考时，可以将每类问题作为一种单独的创新方法来运用。

(4) 根据需要，可以一人检核，也可以多人共同检核。集体检核有助于相互激励，产生高质量的创新性设想。

实例："手电筒的创新思路"如表 4-2 所示。

表 4-2 手电筒的创新思路

序号	检核项目	引出的设想
1	能否他用	其他用途：信号灯、装饰灯等
2	能否借用	增加功能：加大反光罩，增加灯泡亮度等
3	能否改变	改一改：改灯罩，改用小电珠，或用彩色电珠等
4	能否扩大	延长使用寿命：使用节电、降压开关等
5	能否缩小	缩小体积：1 号电池→2 号电池→5 号电池→7 号电池→8 号电池→纽扣电池等
6	能否替代	代用：用发光二极管代替小电珠等
7	能否调整	换型号：两节电池直排、横排、改变式样等
8	能否颠倒	反过来想：不用干电池，用磁电机发电等
9	能否组合	与其他物品组合：带手电的收音机、带手电的钟等

专题训练

1. 定时器、程序控制器可与什么物品组合在一起?
2. 车床、刨床的加工方式可否调整?（车刀的走向改为从右到左；刨刀不动工件动）
3. 以杯子为对象，运用奥斯本检核表进行检核，如下表所示。

杯子的创新思路

序号	检核项目	引出的设想
1	能否他用	其他用途：如保健杯、磁化杯、消毒杯、含微量元素的杯子
2	能否借用	增加功能：智能杯（增加语音提示）
3	能否改变	改一改：
4	能否扩大	延长使用寿命：
5	能否缩小	缩小体积：
6	能否替代	代用：
7	能否调整	换型号：
8	能否颠倒	反过来想：
9	能否组合	与其他物品组合：

第六节　5W2H 分析法

案例

陶行知的“八位好朋友”

我有八位好朋友，肯把万事指导我。你若想问真名姓，名字不同都姓何：何事、何故、何人、何时、何地、何去、何如，好像弟弟与哥哥；还有一个西洋派，姓名颠倒叫几何。若向八贤常请教，虽是笨人不会错。

思考讨论

陶行知有哪“八位好朋友”？你如何看待这“八位好朋友”？

一、什么是 5W2H 分析法

5W2H 分析法又称七何分析法，是指发明者用五个以 W 开头和两个以 H 开头的英语单词进行设问，发现解决问题的线索，寻找发明思路，进行设计构思，从而设计出新的发明项目。目前，5W2H 法已广泛应用于改进工作、改善管理、技术开发、价值分析等方面。5W2H 分析法有助于梳理思路，杜绝盲目性；有助于全面思考问题，从而避免遗漏。

5W2H 分析法的基本内容如表 4-3 所示。

表 4-3　5W2H 分析法的基本内容

5W2H	含义
1. Why	为什么？为什么要这么做？理由何在？原因是什么
2. What	做什么？做什么工作？重点是什么？规范、要求是什么
3. Who	何人？谁承担？谁完成？谁负责
4. When	何时？什么时间完成？什么时机最适宜？持续多久
5. Where	何地？在哪里做？从哪里入手
6. How	如何做？如何提高效率？如何实施？用什么方法
7. How Much	多少？做到什么程度？数量如何？质量如何？利弊如何？投入产出如何

5W2H 法视问题的性质不同，设问检查的内容也不同。

二、5W2H 分析法的实施步骤

第一步：对某种现行的方法或现有的产品，从 7 个角度设问检查，即：

(1) 为什么（Why）。为什么采用这个技术参数？为什么不能有响声？为什么停用？

为什么变成红色？为什么要做成这个形状？为什么采用机器代替人力？为什么产品的制造要经过这么多环节？为什么非做不可？

（2）做什么（What）。条件是什么？哪一部分工作要做？目的是什么？重点是什么？与什么有关系？功能是什么？规范是什么？工作对象是什么？

（3）何人（Who）。谁来办最方便？谁会生产？谁可以办？谁是顾客？谁被忽略了？谁是决策人？谁会受益？

（4）何时（When）。何时完成？何时安装？何时销售？何时是最佳营业时间？何时工作人员容易疲劳？何时产量最高？何时完成最为适宜？几天完成才算合理？

（5）何地（Where）。何地最适宜某物生长？何处生产最经济？从何处买？什么方面可作为销售点？安装在什么地方最合适？何地有资源？

（6）如何做（How）。如何做省力？如何做最快？如何做效率最高？如何改进？如何得到？如何避免失败？如何求发展？如何增加销路？如何提高效率？如何才能使产品更加美观、大方？如何使产品用起来方便？

（7）多少（How Much）。功能指标达到多少？销售多少？成本是多少？输出功率是多少？效率多高？尺寸是多少？重量是多少？

第二步：将发现的疑点、难点列出。

第三步：针对每一问题，拟订各种可行的方案，分别试验鉴定后，找到最佳方案。如果现行的方法或现有的产品经此检查基本满意，则认为该方法或产品可取或合格；若其中某些方面的反馈有问题，则可在这些方面加以改进；若该方法或产品方面有独特的优点，则应扩大其此方面的效用。例如，检查原产品的合理性。

第四步：设计新方法或新产品。克服原方法或原产品的缺点，扩大原方法或原产品独特优点的效用。

第五步：总结。在学习和工作中可采用 5W2H 法来思考和解决问题，如此可使我们避免盲目行事，提高工作效率。

专题训练

请用 5W2H 分析法分析某网络商城（如“京东商城”），并加以调整完善。

5W2H	提问内容	反馈内容	改进措施
1. 为什么	为什么要做这个网站，即做这个网站的目的是什么，这是一个目标问题		
2. 做什么	做什么内容，这是网站内容的定位		
3. 何人	谁是你的用户，即确定目标群体，这跟“做什么”紧密相关		
4. 何时	网站上线时间、营销活动时间、推广时间等，这是网站运营成败的关键因素		

续前表

5W2H	提问内容	反馈内容	改进措施
5. 何地	地点的选择取决于用户群体的大小，上述五点基本确定了网站的类型		
6. 如何做	这是对每项计划的细化，以后只需依据这个细化了的计划实施即可		
7. 多少	多少钱，指费用的投入、预算等		

第七节　废物利用法

案例

易拉罐的“含金量”

一位年轻人捡了多年易拉罐也没赚到几个钱。一天他看到一条信息，易拉罐含有一种合金材料，每吨能卖好几千……两年后年轻人成了百万富翁。他是如何做到的呢？

1. 花 600 元到有色金属研究所化验、检测易拉罐中“合金材料”的含量。
2. 一个 1 毛钱大量收购易拉罐（废品站一个 6 分钱）。
3. 找相关企业熔化、提炼、出售。

思考讨论

上述年轻人的做法对你有何启示？

一、废物利用法的概念

随着科学技术的发展和经济的繁荣，世界上的废弃物越来越多，而能源则越来越少，显然，废物利用是解决环境污染和能源危机问题的重要途径。人们也越来越清晰地认识到，废物是继煤炭和石油之后的第三大能源。

废物利用法是指寻找蕴藏在废物中的有用成分或其他功能，以开发利用为途径，让废物获得新的生机的创新方法。在我们的日常生活中存在着很多废旧物品，如果扔掉这些废旧物品无疑是对资源的一种浪费，而如果对这些物品进行回收，则不仅能起到环保的作用，还能够变废为宝。

废弃物一般分为可回收废弃物和不可回收废弃物两类。

可回收废弃物主要是指适于循环使用和资源再利用的废弃物，如：

（1）纸类：报纸、包装用纸、纸箱等。

（2）塑料：塑料袋、塑料泡沫、塑料瓶、塑料餐盒、塑料杯子等。

（3）金属：金属边角料、易拉罐、铁皮罐头盒等。

（4）玻璃：玻璃瓶、玻璃片、镜子等。

（5）织物：旧衣物和床单等。

（6）木制品：废旧木制家具等。

（7）电子产品：淘汰的计算机、电视等。

不可回收废弃物则包括废弃电池、果皮、废笔芯、清洁工具、建筑垃圾等。

二、 如何变废为宝

1. 改变外部条件

对于同一事物，改变其外部环境可能导致其产生不同的发展方向。即在某处被认为是“废物”的物品，转移到另一个地方，就有可能变为“宝物”。

2. 改变自身属性

如果对“废物”进行合理的加工、改造、拆分或重组，它就有可能释放潜在的使用价值，变为“宝物”。

垃圾与宝贝

很多年以前，在奥斯维辛集中营里，一个犹太人对他的儿子说：“现在我们唯一的财富就是智慧，当别人说一加一等于二的时候，你应该想到大于三。”纳粹分子在奥斯维辛杀害了上百万人，父子俩却活了下来。

1946 年，他们来到美国，在休斯敦做铜器生意。一天，父亲问儿子一磅铜的价格是多少？儿子答 35 美分。父亲说：“对，整个德克萨斯州都知道每磅铜的价格是 35 美分，但作为犹太人的儿子，应该说成是 3.5 美元，你试着把一磅铜做成门把看看。”

20 年后，父亲死了，儿子独自经营铜器店。他做过铜鼓，做过瑞士钟表上的簧片，做过奥运会的奖牌，他曾把一磅铜卖到 3 500 美元，这时他已是麦考尔公司的董事长。然而，真正使他扬名的是纽约州的一堆垃圾。

1974 年，美国政府为清理给自由女神像翻新产生的废料，向社会广泛招标。但好几个月过去了，没人应标。正在法国旅行的他听说后，立即飞往纽约，看过自由女神像下堆积如山的铜块、螺丝和木料后，他未提任何条件，当即就签了字。这位犹太商人的举动让纽约商人嘲笑不已。因为在纽约州，垃圾处理有严格规定，弄不好会受到环保组织的起诉。就在一些人要看这个犹太人的笑话时，他开始组织工人对废料进行分类。他让人把废铜熔化，铸成小自由女神像，把水泥块和木头加工成小神像的底座，把废铅、废铝做成各类饰物。最后，他甚至把从自由女神像上扫下来的灰包装起来，出售给花店。不到3个月的时间，犹太商人把那些“100%自由女神像纪念品”销往全国，有的甚至销往国外，最终让一堆废料变成了350万美元的现金。

踩着别人足迹走路的人，永远不会留下自己成功的脚印。要想成功，必须要有创意。只有拥有与别人不一样的想法才能脱颖而出，才能超越自己，超越竞争对手。

专题训练

请观察日常生活中各种废弃的饮料袋（瓶）、废旧灯管、产品加工过程中产生的边角废料等的材质、结构和形状，分析这些物品是否可重新利用。如可重新利用，请提出你的设想。

精彩链接

和田十二法

旧物利用时装秀

主体附加法（手机）

本章综合训练

知识巩固练习

1. 结合本章学习内容，设计一幅个性化的思维导图（本章小结）。

2. 连连看：

Why	何人
What	多少
Who	如何做
When	为什么
Where	何地
How	做什么
How Much	何时

3. 如何理解"'创'无定法，贵在得法"这句话？

综合实践训练

制订"全校创意作品大赛"设计方案

● 活动目的

培养运用5W2H分析法解决问题的能力。

● 活动内容

运用5W2H分析法制订"全校创意作品大赛"设计方案。

● 规则和程序

1. 每5～7人一组，每组选出一名组长，负责任务的落实。

2. 每组选出一名代表，对他们的设计方案进行介绍（可使用幻灯片呈现），内容应包括活动目的、活动主题、活动流程、宣传海报等。

3. 在每组都做完介绍后，让大家评判出最好的组并给予表扬和鼓励，然后将大家的方案进行整合并形成最终方案。

4. 时间：一周（课余时间）。

拓展训练

举办创意作品大赛

下面是职业院校学生“变废为宝”的创意手工作品：

孔明灯

I love you

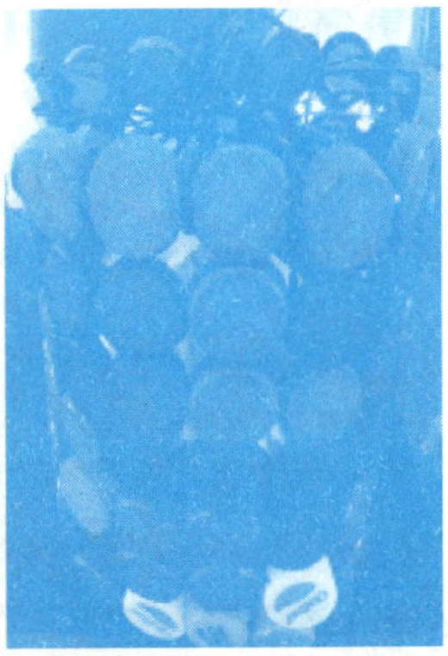

灯罩

草帽

八仙扇

埃菲尔铁塔

向阳花

乡村别墅

第五章 创业概述

创业者的魅力来自平凡；创业者每天都在路上……

学习目的

1. 了解创业及创业者的基本素质，提高对创业的认识。
2. 树立自信，知己知彼，清晰认识自己将来的职业发展方向。

内容描述

创业具有创办企业、建立事业的含义。不管是创办企业还是建立事业，都是一条非常艰辛的道路。我们只有对创业以及自身有一个清晰和全面的认识，并做好充分准备，选择一条属于自己的创业之路，才能够应对创业过程中的各种挑战，收获创业的成果。

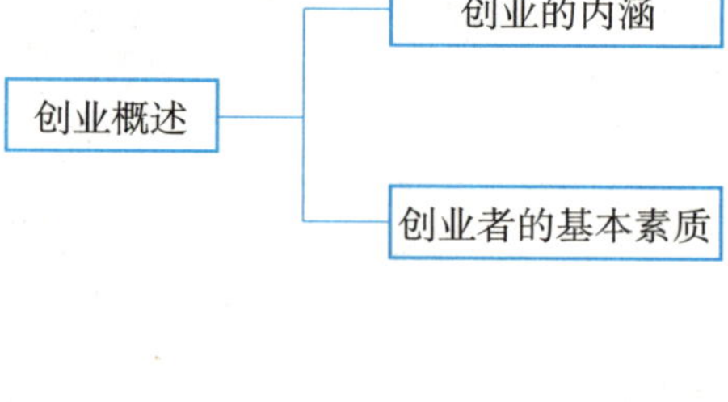

第一节 创业的内涵

案 例

卖馄饨算创业吗

毕业于某职业院校的小雪，一直想到南方去“闯一闯”，2016 年她辞去家乡电子厂的工作，去了广州。可是正赶上许多企业在裁员，很少有企业在招聘。在找不到工作的情况下，小雪凑了点钱，在一所学校附近租了间房，卖起了千里香馄饨，同学们都说她挺能干，可她自己却苦笑着说：“我这哪叫创业啊，这叫谋生啊！”……

思考讨论

小雪的经历算不算创业？如果算，属于哪种类型的创业？

一、 创业的概念

通常大家认为创业就是创办企业，成为企业家，其实创业具有创办企业、建立事业两层含义。辞海把创业解释为开创、建立事业、基业。创指开始做、开创、创造、创办、创制、创业等；业指企业、事业、行业、职业、学业等。

创业的内涵有广义和狭义之分。广义的创业是指建立事业，获取成功与幸福的过程。狭义的创业是指创业者发现商业机会，投资创办并经营管理企业，通过生产、销售商品与服务获取利润。

二、 创业的类别

1. 按创业规模划分

分为创办大型企业、中型企业、小型企业、微型企业。我们这里探讨的主要是微型企业及其发展规划。

2. 按创业开拓创新性划分

分为增量型企业和增质型企业两种类型。一是增量型企业，即在相同的技术水平基础上，创办一个新企业，使社会物质财富的生产、服务的供应更加丰富多彩；二是增质型企业，即应用新技术，创办一个新企业。

3. 按创业动机划分

（1）生存性创业：创业者很多为下岗人员、农民、城镇居民以及刚毕业的大中专院校学生，这是中国数量最大的一批创业人群。一般创业范围局限于商业贸易，即使少量从事实业，也基本是小型的加工业。

（2）机会性创业：创业者基于实现自我价值的强烈愿望，在发现和创造新的市场机会的情况下，进行的创业活动。如政府工作人员辞职“下海”，企业员工辞职创业，他们创办企业的行为都属于机会型创业。

（3）兴趣型创业：喜欢在自己感兴趣的领域中做出一番事业。

三、 企业的类型

当决定要创办企业时，你会发现，企业的类型很多，要选择一个适合自己的企业并不容易，这就要求结合自身情况，分析自己的优劣势以及各类企业的特点，选择一个最适宜自己目前创业的企业类型。一般而言，企业类型主要分以下四种。

1. 贸易企业

贸易企业从事商品的买卖活动，它们从制造商或批发商处购买商品，再把商品卖给顾客或其他企业。

2. 制造企业

制造企业生产实物产品。如果你打算开一家企业生产并销售砖瓦、家具、化妆品或野菜罐头，那么你所创办的就是一家制造企业。

3. 服务企业

服务企业不制造产品，也不出售产品，只提供服务。如房屋装修、物品快递、搬家、家庭服务、法律咨询、技术培训等。

4. 农、林、牧、渔业企业

这类企业利用土地或水域进行生产。种植或饲养的产品多种多样，如种果树、养珍珠等。

随着社会的进步，企业的交易方式也在不断地发生着变化，现在主流的交易方式为网络交易、实体交易及网络与实体交易并存三种形式。创业有多层次、多角度、多方位的选择，不要认为创业一定要有很多资金，有投入巨资的创业，也有小投入的创业；有团队协作性创业，也有个体创业。总之，要寻找适合自己的创业之路，并把握好机会。

四、 各类企业的特点

创业初期，要从小做起、实事求是、量力而行。创办企业的原则是：志向要大，计算要精，规模要小。要想创业成功，你必须对企业的每个方面都要进行深入分析，以求你所提供的产品或服务在同行中是最好的。不同类型的企业有不同的特点，在创业时务必要考虑各类企业的特点，具体如表 5－1 所示。

表 5-1 各类企业的特点

贸易企业	制造企业	服务企业	农、林、牧、渔业企业
★地段和外观好	★生产组织有效	★服务及时	★有效利用土地和水源
★销售方法好	★工厂布局合理	★服务质量好	★不过度使用土地和水源
★商品选择面宽	★原料供应有效	★地点合适	★出售新鲜产品
★商品价格合理	★生产效率高	★顾客满意	★降低种植、养殖成本
★库存充足	★产品质量好	★对顾客诚实	★恢复草场、森林植被
★尊重顾客	★浪费现象少	★服务收费合理	★向市场运输产品
		★售后服务可靠	★保护土地和水资源

有关创业的思考

1. 好技术不等于好生意

不少发明创造者总觉得自己的产品很好，却很少想怎么包装、怎么促销、怎么管理渠道和人才等，即对产品的“落地”问题考虑得很少。

2. 做生意从小开始

不少人认为自己的产品天下第一，没有谁能比得过。而好生意恰恰是从做好小生意开始的，而且很多生意并不需要也没有太多机会做大做强。

3. 为投资者负责

拿自己的钱做生意，小本经营或者大笔投入都可以。但你要用别人的钱做生意，那就要为投资者负责。

4. “秘方产品”也要鉴定

有些人用“秘方”精心打造的产品，自觉“神奇无比”。问题是无论是吃的还是洗的，如保健品或医疗产品都有特殊的鉴定要求，这些产品必须经过权威鉴定才可以进行商业化销售。这一点创业者在创业路上要牢记心头。

5. 做生意要有“秘技”

你要么有一个别人都没有的位置，要么你在产品功能上独树一帜，要么你有别人无法提供的服务，而且你也要知道任何一种“秘技”都是有生命周期的，你要时刻关注你的“秘技”还能使用多长时间。

6. 自助者天助

在创业过程中主要靠自己的努力，如果创业者各种事情都要别人拿主意，那么就说明这个人不适合创业，即使去创业，成功的可能性也很低。

7. 创业资源可能就是妈妈做的臭豆腐

有些创业者的创业构想远远超过了他能做到与控制的范围，我们看到的那些最靠谱的创业者都会在自己的生活与工作中留心那些旁人熟视无睹的事情——给毕业生拍纪念照、老家的特产、妈妈做的臭豆腐等。

专题训练

1. 构思你未来的企业类型（请打√）：

□贸易企业　□制造企业　□服务企业　□农、林、牧、渔业企业

□网店　□其他（如有，请说明）：

企业名称：
企业的特点：
产品或服务：
服务对象：
营销方式：
资金规模：
投入资源：
风险预测：

2. 你毕业后会选择就业还是创业？为什么？

第二节　创业者的基本素质

案例

网上开店来卖菜

上海信息技术学校的张昕毕业没几年，就开了家农产品店，继而又办起了“绿悠悠”电子商务网站，称得上是首批蔬菜农作物“网上超市”之一。近日，“绿悠悠”网站引进风险投资，创业前景看好。

张昕在学校学的是计算机专业。2004 年毕业那年，他集结同学中的“电脑高手”组建了学校第一间“设计工作室”，当时接了几宗“大生意”，如帮索尼等企业制作官方网站。毕业后，他开了家 IT 公司，从事广告设计。

2007 年 10 月，和朋友思想“碰撞”后，张昕想开一家“网上超市”。张昕经

过市场调查后发现，当时在淘宝等电子商务网站上售卖农产品还是个空白点，因为这类商品的网购群体还没形成——家庭买菜多以老人为主，他们不是网络购物的主力消费者。于是，张昕把创业范围缩小到“有机蔬菜”领域，定位于白领家庭。2008年年初，张昕投资30万元，在安远路开了家180平方米的“绿悠悠”农产品店。

因为年轻，所以张昕的想法很具有创新性。在一次市场考察中，江西农业局的一位负责人向他介绍：他们那儿的鸡蛋是绿壳的，蛋清和蛋白非常有营养。民间有一种说法更吸引人：土鸡中极少有产绿壳蛋的，如果有绿壳蛋，家里人都会留给最疼爱的孩子和最尊敬的老人食用，因为它能提高小孩的免疫力，治疗老人的头晕、目眩等疾病。张昕听后颇受启发——现在卖东西都是卖商品，我能不能“卖故事”呢？

回到上海后，张昕将店里几十种商品一一归类，并从网上收集了各类商品从产地到用途等的各种信息，编成了一个个“产品故事”，教消费者怎样从颜色、大小、形状等细节分辨农产品的好坏，并把一些有机农作物的营养元素和各项身体健康指标进行了“对接”，比如东北某个品牌的黑木耳吃了可以软化血管等。

赋予商品故事和文化内涵后，消费者对商品的认可度大大提高，两个月后销售额就突破了40万元。在张昕的店里，商品旁边不再是单一的价格标签，还有五颜六色的“故事牌”，为消费者挑选适合自己的商品提供了便利。

思考讨论

1. 张昕为什么能够创业成功？他有哪些独特的优势？
2. 创业成功的人一般需要具备哪些素质？

一、创业者的概念

创业者正在改变着我们的世界，是这个时代的引领者。创业者（entrepreneur）一词来自17世纪的法语词汇entreprendre，法国经济学家Richard Cantillon（1775年）首次提出创业者一词，并将其定义为“敢于冒险开创一项新事业并勇于承担责任的人”；法国经济学家Say（1800）明确给出了创业者的定义，他将创业者描述为经济活动过程中协调资金和劳动关系的代理人，是开创一个事业或企业的经济个体。日本人则把创业者形象地称为“起业家”。

大量事实证明，创业者并不是天生的，我们每个人都具有创业者的潜质。每一个创业者，都经历过很多次失败，唯一不同的是他们能够经得起失败的考验。所有成功的背后都有长期经验的积累、技术的积累、人脉的积累、资金的积累，这些积累只有达到一定程度才会厚积薄发，才能绽放出绚烂的火焰。

二、 创业者的基本素质

创业者素质的高低，在很大程度上决定着创业的成败。创业者的基本素质一般包括心理素质、身体素质、知识素质、能力素质。

1. 心理素质

心理素质是指创业者的心理条件，包括自我意识、性格、气质、情感等心理要素。强烈的创业意识，良好的创业心理品质，自信、自强、自主、自立的创业精神，以及竞争意识、富有理想、乐观与自信、紧迫感、勇于面对风险、坚韧的毅力等潜质在校学习期间就应当得到培育与塑造。

职业院校的学生在自谋生路的过程中可能会遇到各种困难和挫折，可能出现意想不到的问题，同学们要有充分的心理准备，如要有吃苦的心理准备，要有勇于面对困难和挫折的心理准备，要有遭遇失败的心理准备，这样才能到达成功的彼岸。

2. 身体素质

创业是一项艰苦的工作，这就要求创业者要拥有健康的身体、充沛的体力、旺盛的精力、敏捷的思路。创业与经营是艰苦而复杂的，工作繁忙，精神压力大。尤其是在创业初期，压力会更大，如果身体素质不好，必然会力不从心，难以承担创业重任。

3. 知识素质

创业者要进行创造性活动，要做出正确的决策，必须掌握广博的知识，具有一专多能的知识结构。如了解与本行业相关的科学技术知识，提高产品质量及服务水平；具备市场经济方面的知识，了解市场需求及营销策略；依法行事，学会运用法律武器维护自己的合法权益等。

4. 能力素质

创业能力是一种特殊的能力，这种特殊的能力往往影响着创业活动的效率和创业的成功率。创业能力包括创新能力、预见能力、决策能力、经营管理能力、专业技术能力与交往协调能力。

成功创业者的十大基本要求

1. 诚信

调查显示，几乎所有的成功企业家都认为诚信非常重要。做事情首先要学会做人，做人必须讲诚信，做大事者忌与无诚信之人来往。

2. 把握机遇

当前我国正处于经济社会转型期，机会很多，许多人遇事瞻前顾后，犹豫不决，导致许多机会白白错过。创业成功者赢得财富的关键在于比一般人更能把握机遇。

3. 创新精神

具有创新精神，可以使创业者充分发挥潜能，打破条条框框，开创新局面。创新精神是新经济的真正内涵，是市场竞争的不败法则。

4. 务实

创业是一项需要全身心投入的事业，只有具备积极的态度和务实的精神方能创业成功。通过务实的工作，为消费者提供过硬的产品和服务，取得市场和消费者的认可和信赖，才能保证企业长盛不衰。

5. 终身学习

我们已进入知识经济时代，终生学习越来越成为人们生存和发展的第一要务。终身学习的价值在于培养一种学习习惯，不断提升自身的能力和素养，以适应事业和社会发展的需要。

6. 勤奋努力

勤奋几乎是所有成功者的普遍特征，他们在巨大热情或美好愿景的鼓舞下，身先士卒，勤奋不辍，面对任何工作总是全力以赴、追求卓越，力求每一次都能交出一份最佳的成绩单。

7. 非凡的领导才能

现在已经不是一个人单打独斗的时代，领导才能已日渐成为衡量创业成功的重要标志，正直、公正、有毅力、积极进取等优秀的人格品质无疑会提升领导者的影响力和个人魅力，从而扩大追随者的队伍。

8. 坚韧执着

创业者在面对创业中的艰难险阻时，要坚韧不拔，要有耐性和坚持力，永不言弃。

9. 敏锐的直觉

直觉是运用已有的经验和知识，对问题从总体上加以认识和把握，并以一种高度简练的方式洞察问题的实质，从而迅速解决问题或对问题做出某种猜测的思维形式。

10. 敢于冒险

不冒险就不叫创业了。在进行创业时，必然会遇到风险、碰到困难，只有敢于冒险并抓住机遇，创业才有可能成功。

专题训练

创业心理测试

创业充满了诱惑，但并非每个人都适合走这条路。你适合创业吗？美国创业协会设计了一份测试题，假如你正想着创业，不妨做一做下面这些题。

以下每道题都有 4 个选项，请选择其中一个作为答案。

1. 在急需决策时，你是否在想“再让我考虑一下吧”？(　　)

A. 经常　　B. 有时　　C. 很少　　D. 从不

2. 你是否为自己的优柔寡断找借口“得慎重，怎能轻易下结论呢”？(　　)

A. 经常　　B. 有时　　C. 很少　　D. 从不

3. 你是否为避免冒犯某个有实力的客户而有意回避一些关键性的问题，甚至有意迎合客户呢？(　　)

A. 经常　　B. 有时　　C. 很少　　D. 从不

4. 你是否无论遇到什么紧急任务都先处理日常的琐碎事务呢？(　　)

A. 经常　　B. 有时　　C. 很少　　D. 从不

5. 你是否非得在巨大压力下才肯承担重任？(　　)

A. 经常　　B. 有时　　C. 很少　　D. 从不

6. 你是否无力抵御妨碍你完成重要任务的干扰和危机？(　　)

A. 经常　　B. 有时　　C. 很少　　D. 从不

7. 你在对重要的行动或计划做出决策时，常忽视其后果吗？(　　)

A. 经常　　B. 有时　　C. 很少　　D. 从不

8. 当你需要做出很可能不得人心的决策时，是否会找借口逃避而不敢面对呢？(　　)

A. 经常　　B. 有时　　C. 很少　　D. 从不

9. 你是否总是在晚上才发现有要紧的事没办？(　　)

A. 经常　　B. 有时　　C. 很少　　D. 从不

10. 你是否因不愿承担艰巨的任务而寻找各种借口？(　　)

A. 经常　　B. 有时　　C. 很少　　D. 从不

11. 你是否经常来不及躲避或预防困难情形的发生？(　　)

A. 经常　　B. 有时　　C. 很少　　D. 从不

12. 你是否总是拐弯抹角地宣布可能得罪他人的决定？(　　)

A. 经常　　B. 有时　　C. 很少　　D. 从不

13. 你是否经常让别人替你做你自己不愿做而又不得不做的事？(　　)

A. 经常　　B. 有时　　C. 很少　　D. 从不

计分：选 A 得 4 分，选 B 得 3 分，选 C 得 2 分，选 D 得 1 分。

分析：得分在 50 分以上，说明你的个人素质与创业者相去甚远；40～49 分，说明你不算勤勉，应彻底改变拖沓、低效率的缺点，否则创业只是一句空话；30～39 分，说明你在大多数情况下充满自信，但有时犹豫不决，不过没关系，这也是稳重和深思熟虑的表现；15～29 分，说明你是一个高效率的决策者和管理者，有望成为成功的创业者。

精彩链接

创业者的基本素质

本章综合训练

知识巩固练习

一、填空题

1. 辞海把创业解释为开创、建立__________、__________。

2. 创业者的基本素质一般包括：________、________、________、________。

3. 日本人把创业者称为__________。

二、连连看

贸易企业	房屋装修、搬家
制造企业	从制造商或批发商处购买商品，再卖给顾客
服务企业	利用土地或水域进行生产
农、林、牧、渔业企业	打算开一家企业生产并销售野菜罐头

三、分析题

国外有学者列举了10种比较突出的创业者应具备的素质：创新能力、社交能力、教育水平、坚持不懈、识别商机、管理组织能力、责任心、决策能力、独立自主、冒险精神。你觉得应重点培养自己哪些方面的素质？为什么？

综合实践训练

分析下述材料并回答问题。

白雪和小兰的创业梦

白雪家住闽江上游的武夷山，这里农活不忙，许多年轻人都进城打工去了。因为母亲病重，她不能出远门。她很想多挣点钱补贴家用，给母亲治病，也给自己买些衣物等用品。

她原打算在村里开一家小旅店，翻来覆去想过之后，她认为自己的想法不现实，村里的人太保守，他们不会欢迎陌生人到村里住。而且村子离公路干线太远。即便能说服村里人，也很难吸引游客。再说，如果老天总是阴雨连绵的，就是说服了游客在村里住下，他们待着也很无聊。

邻村的小兰也打算在村里开个小旅店。她知道，她得先向村里人宣传自己的想法，得到乡亲的理解和支持才行，她相信自己能做出个样子，使大家相信小旅店也能赚钱，而且不会打搅村里人的生活，她与区旅游局进行沟通，又搭车进县城与一些旅行社和客运公司的人谈了自己的想法。

让她兴奋的是，各方人士都很赞同她的想法，认为很多旅游者其实喜欢住在村里。许多旅行社已经在探索为游客提供在武夷山的山村里歇脚的途径。小兰很受鼓舞，立即着手准备她的创业计划。

1. 白雪和小兰各自的长处和弱点是什么？谁将成为一个好的创业者？为什么？

____

____

2. 请用5W2H分析法为小兰设计一份乡村游旅店的经营计划，见下表。

经营计划

5W2H	提问内容	反馈内容	改进措施
1. 为什么	（1）为什么要开这个店； （2）目的是什么； （3）有市场吗		
2. 做什么	（1）经营什么商品； （2）提供哪些服务； （3）什么档次； （4）有什么特色		
3. 何人	（1）谁是你的顾客，确定目标群体，这跟“做什么”紧密相关； （2）谁能帮你； （3）人员分工； （4）谁是竞争对手		
4. 何时	（1）何时开张； （2）经营时间； （3）旺季、淡季		
5. 何地	（1）店开在哪里； （2）从哪里寻找启动资金； （3）从哪里进货		

续前表

5W2H	提问内容	反馈内容	改进措施
6. 如何做	(1) 如何吸引顾客； (2) 如何降低成本		
7. 多少	多少钱，指费用的投入、预算等		

拓展训练

挑战不可能

这个游戏能训练人们在最困难的情况下，运用发散思维，开动脑筋解决问题，完成那些看似“不可能完成的任务”。研究发现，能解决这类问题的人不仅有较高的智商，而且拥有很高的情商，这使得他们接收和传递信息的能力高于他人，在这个游戏中，你将体会到这一点。

形式：4 人/组；时间：30 分钟；材料：卡片；地点：室内。

● 活动目的

1. 培养分析能力。
2. 培养创新能力。
3. 学习并掌握交流技巧。

● 规则和程序

1. 将参与者分组，每组 4 人，然后发给每组一个任务卡。每张卡上写着一件商品的名称以及它应卖给的特定人群。要注意，这些人群看起来应不需要这些商品，或者说是会完全拒绝这些商品。比如向和尚销售木梳，向非洲人销售羽绒服，向爱斯基摩人销售冰箱等。总之，每个小组面临的挑战是，销售不可能卖出的商品。

2. 每个小组应根据任务卡的要求准备一条 30 秒的广告语，用来向特定的人群推销商品。该广告语应注意以下三点：

(1) 该商品将如何改善特定人群的生活?

(2) 这些特定人群应怎样创造性地使用该商品?

(3) 该商品与特定人群的需求和价值标准是如何匹配的?

3. 每组用 20 分钟时间按上述三点要求完成广告语的创作，要注意趣味性和创造性。

4. 其他参与者暂时扮演消费者，认真倾听每组的广告语，并判断这条广告语是否打动了他们，是否激起了他们的购买欲望，是否能满足他们的某个特定需求。最后通过举手的方式统计出，有多少人会被说服去购买该产品，有多少人会觉得这些推销员很可笑，简直是白费力气。

5. 选出优胜组，并给予奖励。

● 相关讨论

1. 善解人意在我们的生活和工作中扮演着何种角色? 做到这点能给你带来什么好处?
2. 为了与你的客户甚至是反对你的人心意相通，你需要做出哪些让步和牺牲?

3. 在推销商品时，你是如何分析特定人群和此商品关系的？你是否考虑过他们的习惯、需求、想法和价值标准呢？

4. 你可能遇到过这种情况：有时候你的目标和他人的需求并不一致，你纵有雄心壮志却无人欣赏？在做这个游戏之前你对于此类事情是如何处理的？做过这个游戏后你又将如何处理？

● 总结分享

1. 在这个游戏中，每个人都必须采用他人的视角。第一次是把自己看作你的产品的消费人群，以他们的眼光看你的产品；第二次是其他组成员以卡片中特定人群的视角，倾听广告语。

2. 善解人意是成功创业者必备的一种素质。具备这种素质的人能够感动和影响他人。

第六章
创业SWOT分析

古人云：知人者智，自知者明。

学习目的

1. 了解 SWOT 分析法，明确创业要发挥自身优势，以及在校期间应做的创业准备。

2. 学会使用 SWOT 分析法。结合自身实际情况，运用 SWOT 分析法检验和判断适合自己的创业项目，明确自己的核心竞争力及战略定位。

3. 珍惜学生时代的大好时光，为创业做好准备。

内容描述

每个人都有创业的潜质，只要你能充分发挥自身优势，充分利用身边的资源，选择一个适合自己的创业项目，并对创业项目做一个全面的分析，科学评估创业过程中可能面临的风险，并采取相应措施，就有可能取得成功。

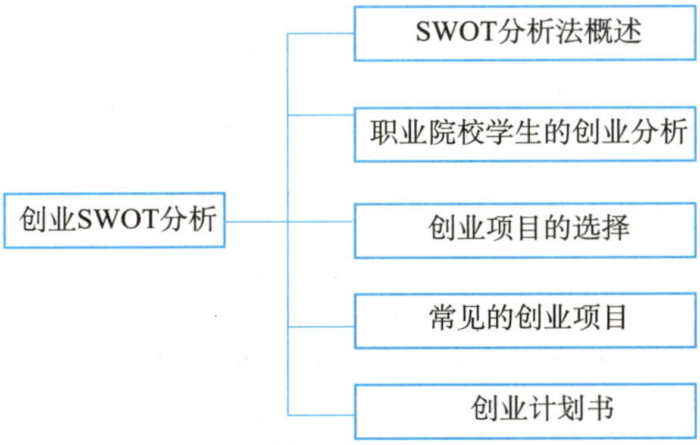

第一节　SWOT 分析法概述

案　例

3 000元起步的创业神话

郭敬佩出生于河北衡水一个商人之家，父亲开了一家当地最大的面粉厂。从小耳濡目染，郭敬佩一直心怀创业梦，跨入职业学校后，他暗暗给自己定下了目标：首先要顺利毕业，其次是在职业学校里开家公司，毕业前开上一辆比亚迪 F0，这款车当时的售价是 2.99 万元。“不想依靠家里，为了凑足这笔钱，我总得干点什么。”

学习艺术设计的郭敬佩最早曾动过开家广告公司或装修公司的念头，但思前想后，他认为“有太多类似的公司了，打开市场不太容易”。

一年级到安徽黄山写生时，喜欢户外骑行的他注意到一个现象：当地提供自行车租赁的店很少，而且租金很高。回到武汉后，郭敬佩开始在学校周边转悠，“高校密集的武汉有广阔的自行车租赁市场，却缺少好的租车服务公司”，他为自己的发现欣喜不已。

“我们开一家租车行吧。”郭敬佩在寝室“卧谈会”上说出了自己的想法。室友们纷纷叫好，可最后敢于筹钱实干的只有郭敬佩一个人。他从家里借了 3 000 元，买了 10 辆普通自行车，在学校附近租了一间小店面，通过张贴小广告吸引顾客前来，每辆车每天租金 15 元。最初，他每天早上 6 点钟就匆忙赶去车行，晚上小店关门再回宿舍往往已经到了门禁时间。就这样，仅仅一个月时间，他就把 3 000元的本金全部挣回来了。

“这个生意可做！”摸到门道的郭敬佩开始雇同学帮忙，除去工资和房租，他把其他的钱全部用来扩大车行规模。处于上升期的市场为郭敬佩的创业提供一个成长的空间。自行车数量从 20 辆到 100 辆，再到 300 辆，档次从一两百元一辆的到几千元一辆的都有。

自行车被盗的现象在高校校园里屡见不鲜，更何况是几千元一辆的高档自行车。“再好的防盗措施也挡不住偷车贼的惦记。”郭敬佩想到了一个两全其美的方法，“我把所有自行车的锁都下掉了，这样做不仅节约了给自行车安防盗锁的成本，而且因为没有锁，租车人就会做到车不离人，也防止了自行车被盗。”从此，郭敬佩再也没有丢过一辆车。

为了提高租车行的知名度，郭敬佩积极和各高校的社团开展合作，为社团的户外活动免费提供自行车。郭敬佩的业务越做越大，到后来还增加了露营设备租赁等业务，除去人力成本和车辆维修、清洗费用等，他不仅还清了家里支持的费用，还拥有了自己的固定资产。在谭蔚老师眼中，这是校园里一位难得的“眼界开阔者”，“他和其他学生创业者不同的是，他不是为了玩一票，赚点零花钱换个手机，而是把创业当作事业在做。”

单纯的租车盈利模式的脆弱性逐渐显露，易被复制的租车模式让郭敬佩开始思考后续的发展。后来，他尝试向专业的户外骑行业务发展，把盈利重心放到专业骑行爱好者的身上。

三年级那年，郭敬佩已拥有了 150 辆山地车，附带出租的帐篷等露营设备达 30 套，在武昌、洪山等 10 余所高校设立了租车点，2013 年租赁业务带来的销售收入超过 30 万元。

思考讨论

1. 郭敬佩在创业过程中面临着哪些机遇和挑战？
2. 他自身有哪些优势和不足？
3. 面对挑战他采取了哪些措施？

一、 SWOT 分析法的概念

SWOT 分析法是用来确定企业自身的优势、劣势、机会和威胁，从而将企业的战略与企业的内部资源、外部环境有机地结合起来的一种科学的分析方法。一般运用于企业管理与个人职业规划中，如图 6－1 所示。

图 6－1 SWOT 分析法

资料来源：http://www.chanpin100.com/article/70889.

进行 SWOT 分析时，要对企业进行深入研究，并写下企业所有的优势、劣势、机会和威胁。优势和劣势是存在于企业内部的你可以改变的因素，机会和威胁是存在于企业外部的你无法施加影响的因素，如表 6－1 所示。

表 6-1 企业的内外部环境

企业内部环境（可以改变）	
优势（S）：一个企业超越其竞争对手的能力，或者指提高企业竞争力的能力。如产品或服务质量较好，企业位置优越，员工技术水平很高，资金雄厚，有良好信誉和形象等	竞争劣势（W）：企业的弱点，或指某种会使企业处于劣势的条件。如产品或服务成本高，资金缺乏，企业形象不好，环境较差，缺少核心技术等
企业外部环境（无法施加影响）	
机会（O）：外界存在的对企业有利的因素。如新政策、新需求等	威胁（T）：外界存在的对企业不利的因素。如市场紧缩、行业政策变化、经济衰退等

SWOT 分析通过对优势、劣势、机会、威胁加以综合评估与分析得出结论，然后据此调整企业战略，最终实现企业目标。

二、 SWOT 分析法的步骤

1. 分析环境因素

运用各种调查研究方法，分析公司所处的环境，即外部环境因素和内部环境因素。外部环境因素包括机会和威胁，它们是外部环境对公司发展具有直接影响的有利和不利因素，属于客观因素。内部环境因素包括优势和劣势，它们是公司发展自身存在的积极和消极因素，属于主观因素。

2. 构建 SWOT 矩阵

将调查分析出的各种因素根据轻重缓急或影响程度等排序，构造 SWOT 矩阵。在此过程中，将那些对公司发展有直接、重要、迫切、久远影响的因素优先排出来，将那些间接的、次要的、不急的、少许的、短暂的影响因素排在后面。

3. 制订行动计划

在完成环境因素分析和 SWOT 矩阵构建后，通过优势、劣势、机会、威胁的组合，形成 SO、ST、WO、WT 策略，便可以制订相应的行动计划。制订行动计划的基本思路是：发挥优势、克服弱点、利用机会、化解威胁，具体如表 6-2 所示。

表 6-2 制订行动计划

内部环境 外部环境	优势分析（S）	劣势分析（W）
机会分析（O）	SO（增长型战略）： 依靠内部优势，抓住外部机会	WO（扭转型战略）： 利用外部机会，克服内部劣势
威胁分析（T）	ST（多元化战略）： 利用内部优势，抵御外部威胁	WT（防御型战略）： 减少内部劣势，回避外部威胁

资料来源：http：//wenku. baidu. com/view/3ef1118783d049649b6658e6. html？ re=view.

沃尔玛的 SWOT 分析

沃尔玛公司由美国零售业传奇人物山姆·沃尔顿于 1962 年在阿肯色州创立。经过五十多年的发展，目前，沃尔玛在全球开设了 10 000 多家商场，员工总数达到 220 多万人，分布在全球 27 个国家。每周光临沃尔玛的顾客达到 2 亿人次。沃尔玛的 SWOT 分析如下表所示。

沃尔玛的 SWOT 分析

	优势（S）	劣势（W）
内部环境	1. 沃尔玛是一个为大众所熟知的品牌，其品牌知名度高； 2. 沃尔玛提出了“帮顾客节省每一分钱”的宗旨，实现了价格最便宜的承诺，并且向顾客提供超一流的服务，获得了顾客的高度认同； 3. 沃尔玛基于现代购物形式，提出了“一站式购物”的理念，迎合了现代的快节奏生活； 4. 沃尔玛的核心竞争力是基于先进信息技术支持的现代化物流系统，在该系统的支持下，每一件商品的运输、销售等物流信息都可以清晰地查询；同时在这一系统下，它的采购过程也更加高效； 5. 沃尔玛重视人才培养，重视员工忠诚度的培养，积极培养企业文化，企业竞争力强； 6. 沃尔玛不热衷于广告投入，但对公益事业却毫不吝啬，这为它赢得了好口碑	1. 沃尔玛规模庞大，这可能会导致其对某些领域的控制力减弱，管理不到位； 2. 沃尔玛的商品种类繁多，涵盖了服装、食品、日常用品等，这可能会导致它在专门性和适应性上比起专注于某一领域的对手来说存在劣势； 3. 该公司虽是全球化的大品牌，但其市场现在仅局限于 27 个国家； 4. 沃尔玛是美国品牌，它的美国风格较重，与其他国家的文化存在较大差异
	机会（O）	威胁（T）
外部环境	1. 中国市场前景广阔，中国加入 WTO 后，加大了对外资的保护，也放宽了限制； 2. 沃尔玛采取收购、合并或战略联盟等方式与其他国家的零售商合作，专注于欧洲和中国等几个特大市场，而且随着这些国家或地区的经济不断发展，人们的购买力不断提高； 3. 沃尔玛的卖场现在局限于 27 个国家，在其先进运行模式和强大实力的支持下，它可以开拓更大的市场； 4. 沃尔玛的发展机会和方式非常丰富； 5. 沃尔玛的聚焦战略具有很大的市场影响力	1. 沃尔玛的领头羊地位注定了它是所有同行的赶超目标； 2. 沃尔玛的全球性战略在执行中可能遭遇政治这一敏感领域，从而给扩张带来巨大阻碍； 3. 其在全球的发展可能会遇到地方保护主义； 4. 同行竞争者为遏制沃尔玛的扩张可能会发起恶性竞争（如恶性价格竞争）； 5. 存在家乐福这一强大对手； 6. 沃尔玛的物流系统和信息系统是以先进的信息技术为前提的，但在一些地区，由于信息技术发展相对落后，其先进性难以显现

续前表

企业战略选择	SO——增长型战略	ST——多元化战略
	1. 开发新市场和新的商业地点； 2. 降低成本，继续走低价格战略； 3. 发挥品牌战略； 4. 充分利用人才优势，走多元化战略	1. 针对不同的目标消费者，采取不同的零售经营形式，分别占领高、低档市场； 2. 完善电子商务服务平台； 3. 实行定制服务性差异化战略
	WO——扭转型战略	WT——防御型战略
	1. 改进组织内部结构，重新整合内部关系，建立战略联盟； 2. 发展后向一体化； 3. 加强与政府的协调沟通	1. 加强专业化，增强竞争力，减少恶性价格竞争，以特色取胜； 2. 进行市场渗透

资料来源：http：//wenku. baidu. com/link？ url＝uup1y8205Cxzuq54i5DaXwtgx692PFdm5CpmeVyicO1yu-AQpqJn8roctsD0Gj3T2OGmA5e8XLxUgrvFjBAtpR7L4uox9jpocwq0XWcDra6K.

专题训练

一、单选题

1. 采用 SWOT 分析法对企业内外部环境进行综合分析，其中 T 表示（　　）。

A. 优势　B. 劣势　C. 机会　D. 威胁

2. 采用 SWOT 分析法对企业内外部环境进行综合分析，其中 S 表示（　　）。

A. 优势　B. 劣势　C. 机会　D. 威胁

3. 采用 SWOT 分析法对企业内外部环境进行综合分析，其中 O 表示（　　）。

A. 优势　B. 劣势　C. 机会　D. 威胁

4. 采用 SWOT 分析法对企业内外部环境进行综合分析，其中 W 表示（　　）。

A. 优势　B. 劣势　C. 机会　D. 威胁

二、多选题

1. 采用 SWOT 分析法对企业内外部环境进行综合分析，其中影响企业制定经营发展战略的内部因素有（　　）。

A. 优势　B. 劣势　C. 机会　D. 威胁

2. 采用 SWOT 分析法对企业内外部环境进行综合分析，其中影响企业制定经营发展战略的外部因素有（　　）。

A. 优势　B. 劣势　C. 机会　D. 威胁

3. 以下属于 S 的内容有（　　）。

A. 在某些领域有优势　B. 公司掌握着新技术

C. 能做别人做不到的　D. 产品有特色

E. 顾客对公司品牌的忠诚度高

4. 以下属于 O 的问题有（　　）。

A. 市场发生变化　B. 竞争者最近在做什么

C. 市场中有什么适合我们的机会　D. 可以学什么新技术

E. 可以提供新技术和服务　　F. 怎样可以与众不同

5. 以下属于 W 的内容有（　　）。

A. 什么都做不来　　B. 缺乏核心技术

C. 别人比我好　　D. 不能满足顾客需求

E. 顾客为什么来

6. 以下属于 T 的内容有（　　）。

A. 市场发生变化　　B. 竞争者最近在做什么

C. 是否赶不上顾客需求的改变　　D. 政治环境的改变是否会伤害组织

E. 某些事情会威胁到组织的生存　　F. 可以吸引什么样的新顾客

G. 怎样可以与众不同

三、材料分析题

某职业院校毕业生小王开了一家小型公司，享受国家扶持政策，可以轻松从银行获取一定额度的贷款，研发力较强，产品性能处于同类产品的中上水平，生产设备先进。随着经营业绩的提升，公司资金开始紧张，管理不完善、销售渠道不畅、对市场反应慢等问题也开始出现。同时，由于该公司所处行业的技术发展较快，新的替代产品也开始不断出现，并且供应商也不如以前热情了。

根据以上材料回答下列问题：

1. 该公司具有哪些优势、劣势、机会和威胁？（填写下列表格）

S（优势）：	W（劣势）：
O（机会）：	T（威胁）：

2. 请你根据对公司 SWOT 分析的结果，为小王制订相应的应对策略。

制订应对策略

项目	应对策略
SO	
ST	
WO	
WT	

第二节　职业院校学生的创业分析

案　例

王泽彬的创业故事

王泽彬是惠州商业学校计算机系的一名学生。他家境贫寒，但一直自强不息，还获得过学校的寒梅助困奖学金。刚刚进入惠州商业学校，他就为自己将来的发展规划好了蓝图——毕业后要开一家自己的公司。为了积累，他在学校选修了市场营销课程。

临近毕业，王泽彬分析了自己的情况后，并没有盲目地去创业，而是先进入了一家电脑公司实习。他从最底层的员工开始做起，工作再苦再累也毫无怨言。他毫不隐瞒地对大家说，自己曾在仓库做过搬运工。因为他工作勤快，一毕业就成为了公司的正式员工。在公司中，他一直如海绵般默默地吸收着各种经验，并做着资金的积累。

工作 3 年后，他拿出自己所有的积蓄，并向同学和朋友借了一些资金，在市区黄塘电脑城经营起一家电脑公司，开始了自己的创业历程。一开始加上他自己，公司只有 3 个人，一切都要从头做起。卖组装电脑、代理各种网络产品、为网吧和公司组建网络并进行维护，凭着自己过硬的技术和良好的人际关系，他的公司慢慢上了轨道。回想当初创业初期，他表示主要是资金上有困难，什么事情都要操心。不过只要在最困难的时候坚持下来，后面就好多了。

思考讨论

1. 请用 SWOT 分析法对王泽彬的创业过程进行分析，并构建 SWOT 矩阵。
2. 结合王泽彬的成功经验，分析自己在创业方面有哪些优势？

一、 职业院校学生创业 SWOT 分析

2010 年年底发布的《中国创业调查报告》显示，目前成功的创业者年龄在 18～35 岁的占 68.8%。这就说明，青年是我国创业活动的主要参与群体。

1. 职业院校学生的创业优势（S）

（1）职业教育专业方向明确、具体，具有专业性和实践性。

（2）职业教育强调能力本位，学习内容针对性强，学生具有一技之长。

（3）丰富的实训实习活动，为学生了解企业运作、经营创造了条件。

（4）年轻，有活力，精力旺盛，敢于拼搏，无太重的生活负担。

（5）有一定的领悟力，思维活跃，善于接受新事物，创新能力强。

（6）勇于拼搏，能吃苦，抗压能力强，有挑战新事物的激情。

（7）有朝气，对未来充满希望，敢于尝试。

2. 职业院校学生的创业劣势（W）

（1）综合素质不高，缺乏创业基本常识，如对创办企业的流程及管理、法律、风投方面的知识了解较少。

（2）没有相关工作经验，不懂人情世故，缺乏人脉关系和商业网络。

（3）市场观念淡薄，对市场的评估多偏向于乐观。

（4）缺乏真正有前景的项目，视野比较窄，不能给自己一个清晰的定位。

（5）缺乏商业信用，没有名气，导致外部投入资金甚少。

（6）眼高手低，好高骛远，看不起蝇头小利，往往大谈第一桶金。

（7）资金不足是制约学生创业的主要“瓶颈”。

（8）自主创业多集中在技术含量不高的传统行业，竞争激烈，成功率很低。

（9）对创业认识不足，存在心理障碍，自信心不足。

3. 职业院校学生创业的外部机会（O）

（1）民营企业地位上升。

（2）随着我国市场经济的发展，国家放宽了对各个行业的管制，人们的需求也变得日益多元化，创业机会增多。

（3）当下就业形势严峻，创业需求增加。

（4）资金来源多元化，如银行小额贷款、民间借贷、抵押贷款、融资租赁等。

（5）政府提出了以创业带动就业的号召，并出台了一系列优惠政策。

（6）职业院校对创业教育越来越重视，教学形式也越来越多样化。

4. 职业院校学生创业的外部威胁（T）

（1）市场竞争激烈，且市场机制还不完善。

（2）很多家长希望自己的孩子有一份稳定的工作，而不想冒太大的风险。

（3）专业知识水平不够深入，发展潜力受到限制。

（4）创业环境不完善，政府很多创业优惠政策很难真正落实。

（5）个人身体健康隐患、家庭不稳定因素、糟糕的财务状况以及还款压力等都是潜在的威胁。

（6）职业院校的创业教育大多停留在理论层面，创业实践活动教育还未全面普及开来。

（7）团队组合不够理想。

（8）缺少业务渠道。

（9）缺乏良好的经营模式。

（10）资金不足。

二、 职业院校学生创业 SWOT 战略决策

通过上述分析可知，职业院校学生创业本身存在着优势和劣势，同时也面临着机遇和挑战，SWOT 分析法为同学们创业提供了四种战略，即增长型战略（SO）、扭转型战略（WO）、多元化战略（ST）和防御型战略（WT）。具体如表 6-3 所示。

表 6-3　SWOT 战略决策

增长型战略（SO）	扭转型战略（WO）
发挥自身专业性强、易接受新事物的优势，利用好国家的创业扶持政策，选择投资较少、专业对口的项目着手创业	认真分析市场需求情况，根据自己所学专业克服劣势，利用国家的有利政策，选择在对自己有利的行业进行自主创业，或者先进入对口的企业锻炼自己、完善自我，增长经验和知识，为下一步的创业做好扎实的准备
多元化战略（ST）	**防御型战略（WT）**
在进行创业决策时要对不利环境进行深入分析，尽量化解创业威胁所带来的不利影响，同时还要敢于挑战威胁、超越自我，充分发挥自身技能性和专业性强的优势	面对自身存在的不足，以及竞争激烈的外部创业环境，应克服自身的劣势和环境所带来的影响，暂时选择延迟创业，采取"先就业再创业"，在社会大熔炉中逐渐成长，积累实战经验，从而达到自我的最优规划，才能克服劣势，取得主动

专题训练

请阅读下述材料，并完成相关分析。

从技术型向管理型转变

曾路林是惠州市惠奥电梯工程有限公司的总经理，他在惠州市技工学校学的是电工维修专业，从踏入校门的那一刻起，他就全身心地投入到了学习当中。作为三年制的中技生，第一年的理论基础非常关键，他不敢怠慢。因此他极少参加各种文娱活动，一心一意读书。

毕业后专门从事电梯检验检测工作，他完整地掌握了电梯售后服务中安装、维修、养护、检测的整个过程，完成了创业知识的基本积累。毕业后的第二年，他就筹划创办了自己的电梯服务公司。

当时的曾路林既是经理也是业务员，他差不多每天都要骑自行车跑 100 多公里，到客户处展示自己的电梯服务手艺，以开拓市场。然而，由于是小公司，同时电梯安装又是一个事关生命安全的工程，一些客户不敢轻易让他做。曾路林不气馁，他铆足了劲：客户不见他，他就在人家公司里等，一天不见，他第二天就继续去，连续几天，最后对方老总终于愿意见他了，合同也就签下来了。有些客户不相信他的手艺，他就和客户一起下工地，

现场展示自己的维修技术。

后来公司有了发展，成为惠州市同行业中数一数二的大企业。但要保持优势，还必须走在人前，做得更好。曾路林开始想自己如何从技术型角色向管理型角色转变，毕竟自己只有中专文化程度，虽说有一技之能，但想做好公司的管理工作还有些难

度。于是，他报考了武汉大学的企业管理专业，从理论上全面学习企业管理知识。同时，他还吸收各种类型公司的管理经验，融会贯通，用到自己的管理上。“我懂技术，但是我不懂管理，一个企业如果没有善于管理的总经理，企业是发展不下去的，所以，这个时候，我很用心地积累了一些管理方面的经验。”经过一段时间的努力，曾路林形成了自己的管理思路和运作模式。

根据所学知识，请对上述案例中曾路林的创业历程及发展策略进行 SWOT 分析。

	优势（Strength）	劣势（Weakness）
个人内部因素		
	机会（Opportunity）	威胁（Threat）
个人外部因素		

发展策略	
增长型战略（SO）	扭转型战略（WO）
多元化战略（ST）	防御型战略（WT）

第三节　创业项目的选择

案　例

女生十字绣创业月入两万

如今喜欢十字绣的年轻人越来越多。一位在校的大专女生抓住了这个大好商机，从这个时髦新潮的行当中大赚了一笔。这位名叫刘小青的女孩是江苏经贸职业技术学院的大三学生。做十字绣生意的人不少，在她的店铺旁就有好几家，可她却成为了No.1。

白皙的皮肤配上黑亮的眼睛，刘小青是个秀气的无锡姑娘。刚进江苏经贸职业技术学院，小姑娘就有了雄心大志——替别人打工不如替自己打工，要当就当自己的老板。

刘小青是个倔强的姑娘，她没有让这个目标成为空谈，大一结束后就开始筹划自己的事业。暑假里，班里的同学都回到了家中，可刘小青却孤身留在了南京。

对刘小青而言，筹备起步资金的那段日子是最辛苦的。白天，她到市区的一个精品店做营业员，晚上她又换了角色，到人多热闹的地方摆地摊。她卖过小饰品，卖过花，还卖过十字绣。日子过得忙碌而辛苦，而她的钱包却渐渐鼓了起来。

做什么生意好呢？刘小青绞尽脑汁：卖玩具、礼品还是鲜花、工艺品？她在网上查找了很久，同时对学校周边市场也进行了详细调研，最终选择了起步资金相对较少的时尚工艺品。“学校位于高校云集的大学城中心，主要消费人群是那些追逐时尚的年轻大学生。”刘小青说，她选的项目既要流行新潮还要不落俗套。

在一次探亲过程中，她意外得知表姐在常州做十字绣生意，而且效益很好。有些心动的她特地到表姐的店里一探虚实，看着不断进门的客户，她立马拍板：就做十字绣生意。

新学期开学后，刘小青在学校附近搜寻店面，她看上了小商品城的一个门面。虽然当时的门面租金不算贵，可一年也得七八千。后来刘小青把父母给她买手机的钱拿了出来，再加上自己打工赚的几千元，一共凑了一万多元创业起步资金。付完租金，刘小青囊中羞涩，只剩下两三千元。“没办法，我把这些钱全部用来盘货了。”刘小青说，“为了让店里看起来琳琅满目，只要手里有一点钱，就马上进货。”可她的生意开始时并不顺利。原来，在她开店之前，小商品城里已经有好几家十字绣店了，而且有一家生意很不错的店就开在对面。

对面就是强大的竞争对手，可刘小青没有气馁，她计划和别的店错开发展方向。

“小商品城的十字绣店全部以零售为主，我要突破他们。”刘小青“野心勃勃”，她开始做十字绣的品牌代理。在网上搜索了很久，选了好几家公司，她最终选择了广州的一个品牌，这家产品的性价比很高，而且特别符合年轻人的眼光。很快，来她店里批货的零售店增多了，她的生意规模越来越大。现在，她已经成功击败了对手，她的小“满庭芳”已经成了义乌小商品城十字绣店铺中的 No. 1。

“每月的净利润估计在两万元左右吧。”刘小青开心地说。当上了老板的刘小青仍在忙碌，她说今年她的主要任务就是筹划开分店，至少一年开三到五家店，形成小规模的连锁。最近，她在鼓楼秀水街的第一家分店已经开业了。

思考讨论

1. 刘小青是如何选择创业项目的？她选的项目有什么优势？
2. 我们选择项目时应该注意哪些问题？

一、 创业项目的概念

创业项目是指创业者为了达到商业目的具体实施的工作。创业项目分类很广，按照行业来分可以分为餐饮、服务、零售等；按照性质来分可以分为互联网创业项目和实体创业项目。

二、 创业项目的分类

（1）从观念上来看，创业项目可分为传统创业和新兴创业。

（2）从方法上来看，创业项目可分为实业创业和网络创业。

（3）从投资上来看，创业项目可分为无本创业、小本创业和高额创业。

（4）从方式上来看，创业项目可分为自主创业、加盟创业、体验式培训创业和创业方案指导创业。

三、 选择创业项目的基本原则

（1）自己力所能及的（熟悉的、了解的、符合自己特长和资源特点的或者感兴趣的）。

（2）准入门槛低。

（3）竞争对手少，最好是新兴的、独特的行业或产品。

（4）有较好的市场前景。

（5）与自己的资金实力相匹配。

（6）风险低，投资回报周期短。

四、 选择创业项目的方法

1. 关注环境变化趋势，寻找经济热点

从变化的环境趋势中挖掘创业项目。人口、经济、自然、技术、政治法律、社会文化等环境因素的变化，产生了创造新事物的潜力，并且给新企业的诞生提供了机会，如表 6-4 所示。

表 6-4　　利用变化环境趋势创建的企业

环境变化趋势	表现形式	创建的企业
人口环境变化	中国老龄化问题	南昌“九九颐家”养老中心
经济环境变化	青少年拥有更多资金	南昌万佳礼品有限公司
自然环境变化	资源日益减少	爱玛电动车、太阳能热水器
技术环境变化	互联网发展	京东商城、滴滴打车
社会文化环境变化	对健康的追求	江西江中健康科技有限公司

2. 通过市场调查，寻找顾客需求

从人们不满意的地方寻找顾客需求，有助于挖掘创业项目。在日常生活中，每个人都能碰到或大或小让人烦恼的问题，我们需要从中发现创业项目。企业家约翰·加德纳曾经说过，每个问题都是一个绝佳的隐藏着的机会。

3. 对现有产品进行深度开发

对市场上现有的产品进行改进、提升、完善，从而转换为新的创业项目。

4. 利用组合法，开发新项目

将两个不同的产品结合到一起就有可能创造一个新的创业项目。例如，马云把互联网与商品结合在一起创立了淘宝网，医疗与食品结合在一起产生了药膳。

5. 发挥个人专长

创业者可以根据自己所学专业、技能、兴趣爱好及经验优势，寻找创业项目。

6. 通过大众传媒及熟人介绍，寻找新项目

通过报纸、杂志、广播、电视、网络、展览会、亲戚朋友介绍等发现创业项目。

7. 加盟连锁企业

对创业资源十分有限的年轻人来说，借助加盟店的品牌、技术、营销、设备优势，可以较少的投资、较低的门槛实现自主创业。

自主创业，如何选择项目呢

专家说，创业如同婚姻：只有合适的项目，没有最好的项目。

那么，当我们拥有如爱情一般的创业冲动时，究竟该怎样去选择适合自己的创业项目呢？

据中国创业招商网统计，90%的人曾有过创业冲动，其中60%的人会付诸实施，但是其中仅有10%的人会成功。为什么会有这么多人失败呢？中国创业招商网最近展开了一次调查，结果发现：98%的失败者是因为没有选准合适的项目。俗话说“万事开头难”，选择了一个合适的项目，创业就已成功了一半。

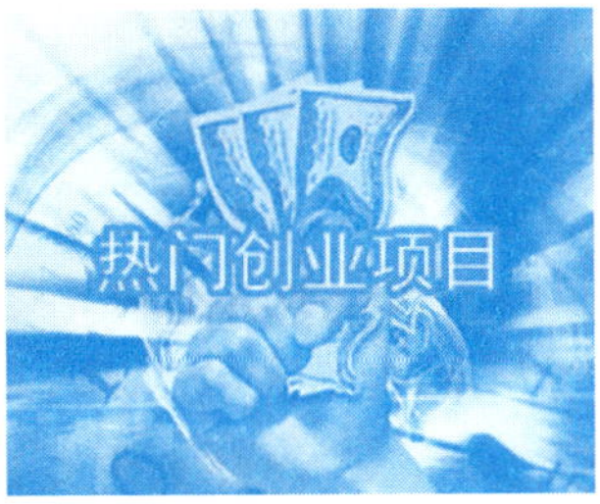

只有合适的，没有最好的

中国创业招商网对创业者的调查显示：80%的创业者在创业前期都会感到确定创业项目“十分头疼”“很难抉择”；在创业失败的案例中，有60%的人归因于“创业项目不对头”或“创业项目选择失误”；而在成功创业人群中，70%的人认为是“良好的创业项目成就了自己的事业”。选择项目既然如此重要，那么究竟该如何选择项目呢？中国创业招商网的专家认为，在创业前，创业者一定要改变一个观点，那就是创业项目没有最好的，只有合适的。

在人类进入互联网时代之后，创业信息的传播渠道逐渐多了起来。互联网上的创业信息更是海量。仅中国创业招商网上的创业信息就达到数百万条。面对如此庞大的信息，创业者不要“见一个爱一个”。据中国创业招商网的相关人员介绍，该网站汇聚了一万多条创业项目信息，并且这种信息每天都在实时更新。同时，中国创业招商网也本着对广大创业者负责的态度，对招商项目进行严格审批、把关，力求最大限度降低投资者的风险。中国创业招商网的职业规划师也认为，一个良好的创业项目，能让创业者少走好多弯路，大大增加创业者成功的概率。可见，一个良好的创业项目的选择就有可能成就一个美好的未来。

选择好的创业项目的确能有效减少投资的不确定性风险，选择创业项目需要把握住以下几个关键因素：

第一是风险。创业者要正确看待创业过程中存在的各种风险，要有抗风险的心理承受能力。

第二是创业项目的真实可靠性。创业者在选择创业项目时要寻求那些可信度和权威性高的创业项目提供单位。

第三是实力。创业者要对自己的创业实力有一个正确的认识，即选择与自身实力相当的创业项目，同时对创业项目提供方的实力也要有一个很好的了解。

第四是信息渠道的畅通。创业信息的有效沟通和交流能让创业者很好地了解市场的动向，能有效地降低创业风险。

三招选项目

那么具体来说应怎样选择创业项目呢？中国创业招商网的专家建议：

1. 选择具有独特资源优势的项目。俗话说：靠山吃山，靠水吃水。创业者如果能慧眼独具，发掘出自己身边特有的资源进行投资开发，往往容易成功。因为在这种情况下，你没有竞争对手。

2. 选择目标市场非常明确的项目。针对某个特定消费群体，进行市场调研，知其所求，投其所好，趁“需”而入，推出对路的产品或服务项目，往往能领先一步占领市场。

3. 选择具有良好发展前景的项目。产品的市场支持力、市场容量及自身的接受能力对创业者来讲至关重要，要多考察当地市场，看所选项目是否在当地有一定需求以及靠自己的能力是否可以进入市场等。

专题训练

1. 根据以下因素或方法，发掘适合自己的创业项目。

名称	具体项目	理由
环境变化趋势	1. 2. 3.	
顾客需求	1. 2. 3.	
产品深度开发	1. 2. 3.	
组合法	1. 2. 3.	
个人专长	1. 2. 3.	
大众传媒及熟人介绍	1. 2. 3.	
加盟连锁企业	1. 2. 3.	

2. 在上述表格列出的创业项目中，你最认可哪些?

3. 你的产品或服务是什么? 与竞争者相比你有什么优势?

4. 你认为选择创业项目有哪些禁忌?（至少 3 个万万不可）

5. 你认为职业院校学生创业需要哪些支持?

第四节　常见的创业项目

案例

大专生卖手抓饼

先当小学徒摸清门道

1992 年出生的小许，大专毕业后，也和不少毕业生一样，为找不到工作而发愁。一个偶然的机会，有朋友告诉他，厦门的手抓饼很火，但在福州还是空白。

大学生当街卖饼，在很多人看来不能接受，但小许却觉得这没什么，“我没别的优点，就是脸皮厚。只要是正当的并且有收益，没什么不好意思的。”

为了学习制作手抓饼，小许在一家手抓饼店当起了学徒。在一个月的时间里，小许每天工作 12 个小时，从早站到晚，手抓饼制作的每个步骤，都被他摸了个透。

三平方米小摊月入八千

打了一个月工，学到了制作手抓饼的技术。小许约另外两名同学，一共投资 2 万元，加盟手抓饼连锁店。不到三平方米的店铺，因为选址不错，生意好得出乎想象，仅靠卖饼，每个月就可以净赚 8 000 元。才两个半月，所有投入就收回来了。

手抓饼的生意太好，连租给他摊位的房东都眼红了。三个月之后，房东主动提出合伙开店，他提供地方，小许负责材料和技术，一起合伙卖饼。

如今，店铺已经请了专人做饼，小许做起了甩手掌柜。扣除所有成本后，这个店每个月可以给他带来 3 000 元左右的收入。

再开新店升级为区域代理

看好市场前景的他又投资 5 万元开了家 50 多平方米的手抓饼连锁店，店面扩大后，除了做饼，还做果汁、刨冰以及油炸类食品。开业半个月，日营业额就已达到了 1 万元。

由于经营情况不错，小许被该店总部相中，成功拿下福州地区的区域代理。如今，除了再开一家新店的计划，小许还有了更长远的打算。他打算多发展一些加盟商，实现多重发展。

他的手抓饼店目前已经有几家分店了，这位大专生卖手抓饼的创业故事告诉我们：创业可以从小做起，创业卖手抓饼并不是什么丢人的事，只要肯吃苦有毅力，照样能闯出自己的一片天地。

思考讨论

1. 小许为什么选择卖手抓饼这个项目？
2. 你觉得还有哪些创业项目比较适合职业院校学生？

一、 常见的创业项目

当我们有了一定的资金、经验积累，也可以考虑自己创业。创业资金少，经营起来就会倍感艰辛，但只要创业者能够选准创业项目，掌握好经营方法，具备创业者应有的心态和素质，小本经营仍可以以小博大，成就大事业。

想做一名成功的创业者，首先要搞清楚哪些项目的投资额在自己可以承担的范围内，对行业的特性、需要具备的条件以及自身的情况都要有透彻的了解，这样创业才能有比较高的成功率。以下项目可供创业者选择。

1. 摊贩型创业项目

摊贩型创业主要有两种类型：一是摊车类；二是地摊类。地点一般在夜市、车站、风景区、菜市场等。具体而言，主要有以下项目：

（1）摊车类：卖早点、烧烤、饮品、小吃、煎饼、冰淇淋、手机装饰品等。

（2）地摊类：卖旧书、衣服、鞋子、皮具、装饰品、水果、文具、数码车贴、手机配件、太阳能手电筒等。

2. 居家型创业项目

居家型创业最主要的特色就是以家为工作地点，所以店面租金就省下来了。创业者一般需要有一定的专业能力和技术。具体而言，主要有以下项目：幼儿园、家政、图纸设计、辅导班、才艺班、网店、手工制作、快餐外卖等。

3. 业务型创业项目

业务型创业所卖的商品虽然不是自己批发或制作的，但是客户来源却是创业者自己可以掌握的。此类创业项目一般都以加盟或代理的方式进行。具体而言，主要有以下项目：外卖服务公司、企业管理顾问公司、二手奢侈品寄卖店、家庭旅店、房产租赁公司、为旅行社提供导游服务、初级看护服务、校园代购等。

4. 网络虚拟型创业项目

网络虚拟型创业主要有网络拍卖、网络店铺两种。此类创业方式除了需要掌握计算机、网络运用的基础知识外，贩卖的商品也要具有独特性和吸引力。具体而言，主要有以下项目：出售游戏中的虚拟物品、开网店、网店客服、做版主、虚拟助理、建个人网站等。

5. 生产型创业项目

生产型创业是指依靠技术、专利，购置设备，组织工人生产生活日用品、电子产品、工农业产品及生产资料等，然后开拓市场进行销售，以此取得经济效益，获取利润。具体而言，主要有以下项目：

（1）创意设计类：DIY 工作室、花泥画廊、漫画吧、绿色蔬菜专车、宠物店、QQ 表情创意设计工作室、形象设计工作室、平面设计工作室、动漫设计工作室、服装设计工作室等。

（2）餐饮类：咖啡屋、奶茶饮品店、特色粥铺、DIY 蛋糕店、特色茶楼、特色小吃店、学生餐厅等。

（3）技术及加工类：多媒体照片艺术制作、手工制作、交通工具维修、才艺培训、摄影、养殖业、种植业等。

二、“互联网＋”时代的创业项目

“互联网＋”是互联网思维进一步实践化的成果，它代表了先进生产力的发展方向，推动着经济形态不断向前发展，为实体经济的改革、创新、发展提供了广阔的平台。通俗来说，“互联网＋”就是“互联网＋各个传统行业”，但这并不是简单的两者相加，而是利用信息通信技术以及互联网平台，让互联网与传统行业进行深度融合，创造新的经济发展生态。

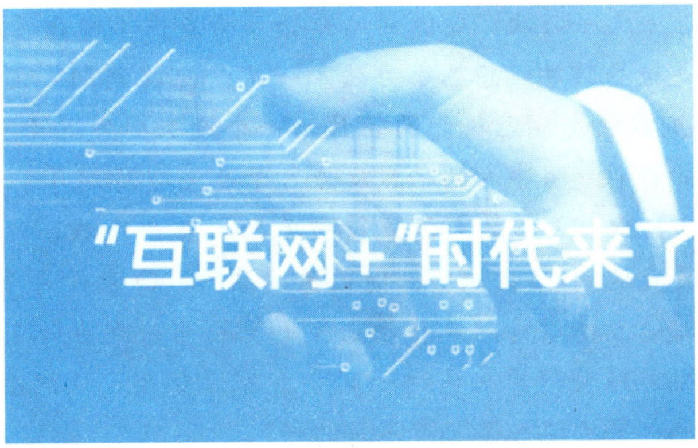

十多年来，“互联网+”已经改造及影响了多个行业，当前大众耳熟能详的电子商务、互联网金融、在线旅游、在线影视、在线房产等行业都是“互联网+”的杰作。在当前的创业大潮中，我们在选择创业项目时，也一定要关注“互联网+”与自己所选创业项目的关系，充分运用互联网，培养互联网思维，提高自己创业的成功率。

靠卖“表情”赚取百万财富

在网络上有过QQ聊天经历的人，对“QQ”表情应该是不陌生的。但我们发现，除了QQ自带的表情外，还有很多极具创意的个性化表情，那么这些非QQ自带的表情是从哪里来的呢？

在百度搜索栏输入“QQ表情”，有家排名居前的网站一定会吸引你的注意，那就是“广捷居”。它是一家专门免费提供QQ表情设计及下载的网站，它虽然提供QQ表情的免费下载和使用，但是每当你点一下鼠标，发送一次QQ表情，就意味着你的点击为网站间接地创造了财富。郭吉军就是这家网站的站长，靠着这个“卖表情”的点子，他在2年的时间里已经赚取了300万元的收入。

有一次，他和女友像往常一样在QQ上聊着，不知道因为说错了什么话，两人闹翻了。为了哄女友开心，他想从QQ表情里找个道歉的表情。可是，由于QQ自带的表情太少，找不到他想要的。于是他萌发了自己设计表情的想法。情急之下，他从网上找了张下跪请安的FLASH卡通图片，再利用掌握的制图技术，把自己的头像换上去，制作了一张泪流成河的认错图片发给女友，没想到女友收到后非常喜欢这个QQ表情，当即原谅了他，同时让他再做一张女孩子认错的图片，供自己使用。后来这两个表情竟然在网络上流传了起来。很多人通过网络找到他，希望他能分享这些QQ表情。

郭吉军发现，QQ表情原来也大有市场，而且还没有人专门开发。熟悉网络的他，马上申请了一个免费域名，建立了个人网站，在工作之余随时把自己设计的QQ表情上传到网站上，很快有一家为腾讯公司专门制作QQ图片的网络公司找上了门，要求收购他设计的100张图片，费用是5 000元。

他敏锐地嗅到了其中的商机，果断决定专职设计QQ表情。随着他设计的表情越来越多，网站的访问量也在不断增大，同时他加盟了互联网联盟，很快，“广捷居”的访问量攀升到了每天一万次，他的网站开始靠着点击率赚钱了。为了获得更高的网站访问量，他可是绞尽脑汁，想尽了办法。一次，他收到朋友发来的一则视频短剧，这是胡戈恶搞陈凯歌电影《无极》的短片《一个馒头引发的血案》。他当即意识到，恶搞的东西很可能会引起当事人的强烈反应。于是他即时制作了他们两人各种搞怪的QQ表情，他的这些精心制作的QQ表情被无数人点击下载，他也赚得口袋鼓鼓的，网站的日访问量更是达到45万次。此时他靠网站的QQ表情每个月可以稳赚1万元。后来他决定招募QQ表情设计师，并注册了一家公司。现在他不再是简单的设计师，而是想着如何把公司经营得更出色的一名企业家。如今，他的公司每天都有2 500元的稳定收入，而他也早已迈入了百万富翁的行列。

当我们还在热衷于收集各种 QQ 表情的时候，郭吉军早已捷足先登，在网络商海里赚得盆满钵满了。

机会面前人人平等，谁能看到机会背后隐藏的商机并加以利用，谁就有可能成为下一个成功的人！

专题训练

1. 你认为一个好的创业项目应该具备哪些条件？

2. 如果你现在有 2 万元现金，你觉得可以经营哪些项目？如果没有启动资金是否可以创业？如果可以，可以从事哪些项目呢？

3. 思考一下：如果启动资金有 1 万元，在校园里可以经营哪些项目？（至少 5 个以上）

4. 搜集一些创业失败的案例，分组讨论，思考他们为什么会失败？

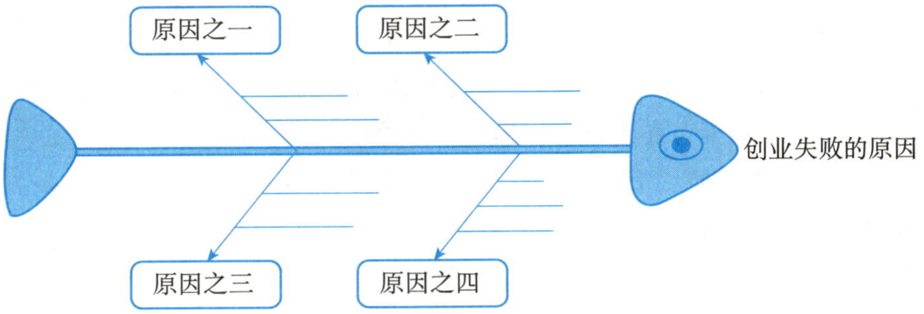

第五节　创业计划书

案　例

打工妹网上开餐厅月赚过万

阿欣从职业院校毕业后没有找到专业对口的工作，无奈之下，只好到广州一家专门面向外国人的酒吧做侍者，薪水加小费，每月只有近 3 000 元的收入，她不满足这种工作状态。

一天，阿欣给在电脑公司就职的男友送午餐，当时饭盒一打开，色香味俱佳的菜肴和广州人爱喝的靓汤，马上引起男友同事的夸赞，阿欣在欣喜之余突然悟到：现在人们生活节奏快，工作压力也很大，写字楼里的白领根本无暇准备午餐，往往只是随便吃点小吃，或去麦当劳、肯德基等快餐店解决一下午餐，这样既不经济也不实惠，如果将精心制作的配餐和营养丰富、热气腾腾的家煲靓汤及时送到这些工作繁忙的白领一族面前，一定会有市场！

于是她萌发了开家网上餐厅的念头，决定做个“网上老板”。她辞去酒吧的工作，查阅了大量食谱，精心设计了20多种不同风味、搭配合理的套餐。她准备了一台二手笔记本电脑，配上调制解调器，联上了互联网。经过半个多月的准备，一家“网上餐厅”开业了。那一天，阿欣的心激动得“怦怦”地跳个不停。

阿欣印了3 000张折叠式加香名片，外层印有“网上餐厅”的网址和电话，展开后是各式套餐和靓汤的图片和名字。阿欣将这些名片散发到市区内一幢幢写字楼里之后，就开始坐在家里的电话机旁，盯着电脑屏幕，期盼着订餐电话或邮件的到来，忐忑不安地苦守了一天，却没有盼来一份订单！她只得把当天下了很大功夫制作的套餐和靓汤全部倒掉。

三天之后，心急如焚的阿欣终于等来了第一单生意。渐渐地，网上订餐的人逐渐增多了。尤其是三个月后，一到中午，阿欣房间里的电话铃声就此起彼伏，应接不暇，订餐E-mail有时简直能挤满她的电子邮箱！随着时间的推移，已经有近30家公司成了她的长期客户。后来阿欣又雇了10多名上门送餐的员工，并请了两位厨师按她的设计制作不同档次的套餐和靓汤。为了保证质量，她每天只制作600盒套餐，另外每盒套餐还赠送顾客一份任选的靓汤。

每周一，阿欣就把一周的套餐计划发布到网页上，每天按时上网接收订单。她每天早上五点就去菜市场精选原料，回来后严格按食谱配料，烹制过程一点都不敢马虎。因为这个聪明的女孩深知，靓汤煲得缺一点火候，白领食客们马上就能吃出来。

在网上做生意，一定要讲究信誉度，这样才能招揽到稳定的客户。有一次，一位女士接到快餐，嫌送餐员工用时长，饭都不太热了，于是就不满地发了一封邮件给阿欣。阿欣看到后，当即骑着摩托车亲自将一份冒着热气的“精品套餐”和靓汤免费送到对方手上，并诚恳地代表员工向那位女士赔礼道歉。这件事传开后，她的“网上餐厅”在白领食客中更是声名鹊起。

现在除去成本和员工开支，阿欣的“网上餐厅”每月至少有1万元的毛利，如今的阿欣正在全力筹备建一个餐饮娱乐网站，相信她在未来将会开启一扇更加壮美的创业之门。

思考讨论

1. 阿欣是怎样发现商机的?

2. 她的“网上餐厅”从一开始没有订单发展到近 30 家公司成了她的长期客户经历了哪些过程?

3. 为什么她严格控制每天只制作 600 盒套餐?

一、 完成你的创业计划书

创业计划书是由创业者准备的书面计划，其中包括分析和描述创办一个新的企业所需的各种条件，其目的是通过撰写创业计划对企业自身进行自我评估，对创业前景有更清晰的认识，并且期望通过计划书获得融资。

创业不是“过家家”，创业者应以认真的态度对自己掌握的资源、已知的市场情况和初期的竞争策略做尽可能详尽的分析，并提出一个初步的行动计划。

一般而言，创业计划书包括以下几部分。

1. 封面

封面设计要讲究审美和艺术性，一个好的封面会使阅读者产生最初的好感，形成良好的第一印象。

2. 摘要

摘要浓缩了创业计划书的精华。它涵盖了计划的要点，以求一目了然，可使读者在最短的时间内了解本计划书的主体内容。摘要一般包括以下内容：公司介绍、管理者及其组织、主要产品和业务范围、市场概貌、营销策略、销售计划、生产管理计划、财务计划、资金需求状况等。

创业计划书的摘要通常写一页即可。摘要要尽量简明、生动。特别要说明本企业与其他企业的不同之处以及本企业能取得成功的关键因素。

3. 创业计划书的具体内容

(1) 事业描述。必须描述所要进入的是什么行业，卖什么产品（或服务），哪些是你的主要客户。所属产业的生命周期是处于萌芽、成长、成熟阶段还是衰退阶段。还有，企业是独资还是合伙，打算何时开业，营业时间多长等。

(2) 产品和服务。需要描述你的产品和服务是什么，有什么特色，你的产品和服务跟竞争者相比有什么不同，如果并不是很特别，顾客为什么要买。

(3) 市场。首先需要确定目标市场，是既有市场的客户，还是在新市场开发新客户。市场不同，客户不同，营销方式也不相同。在确定目标市场后，才能进行上市、促销、定价等工作。

（4）地点。一些公司对地点的选择对其经营效益影响不是很大，但是如果要开店，店面地点的选择就很重要。

（5）竞争。下列三种情况要做竞争分析：要创业或进入一个新市场时；当一个新竞争者进入自己经营的市场时；随时随地做竞争分析，这样最省力。竞争分析可以从五个方向去做：谁是最接近的竞争者；他们的业务如何；他们与自身业务的相似程度；从他们那里可以学到什么；如何做得比他们更好。

（6）管理。不少企业经营不善多源自企业管理的缺失。

（7）人事。要考虑人事需求，如需要引进哪些专业技术人才、全职或兼职、薪水如何计算、所需人事成本等。

（8）财务需求与运用。考虑融资款项的运用、营运资金周转等，并预测未来三年的资产负债表、损益表和现金流量表。

（9）风险。风险包括进出口汇兑风险、自然灾害风险等。当风险来临时要有适合的应对策略。

（10）成长与发展。下一步要怎样发展，三年、五年后如何发展，这也是创业计划书应提及的。

4. 附件

一般来讲，你提供的信息越详尽，获取帮助的机会就越大。所以诸如申请哪种营业执照、产品或服务目录、价格表、岗位责任和工作定额等均建议附在创业计划书后面。

上述为创业计划书的主要内容，不同类型的企业可以根据自身的实际情况在上述要求的基础上，撰写符合自身情况的创业计划书。

二、你可以开办企业吗

如果你的创业计划已经做好，接下来就要考察你是否做好了开业的准备。下面这些问题都是你要考虑的。

1. 你有决心和能力开办企业吗

你已经做好了创业计划，现在你要再次考虑是否做好了开办和管理企业的准备。

2. 你的企业能否赢利

你的销售和成本计划反映了企业开办第一年应产生的利润。前几个月可能没有盈利，但往后就应当有，如果生意仍然亏损或者利润很薄，请考虑以下问题：

（1）销量能否提高？

（2）销售价格是否有提高的余地？

（3）哪些成本最高？是否有可能降低？

（4）能否靠减少库存或降低原材料的浪费来降低成本？

（5）企业收益至少能够支付自己的工资，给自己定的工资额应该和你投入工作的时间、你的能力和所担负的责任相称，它等于你雇别人来做你的工作时该付的工资。除了你的工资之外，你的投资还应带来利润回报。

3. 你有没有足够的资金开办企业

你的现金流量表显示了企业现金收入和支出的状态。你要有足够的资金去支付到期的账单。即使企业有销售收入，但如果周转资金不足，企业也会面临倒闭的风险。如果你的现金流量表显示某个月将出现现金短缺，建议你采取以下措施：

（1）减少赊销额，加快现金回笼。

（2）采购便宜的替代品或原料，减少材料消耗。

（3）要求供应商延长付款期限。

（4）减少电话费、电费之类的开支。

（5）要求银行延长贷款期，或降低每月偿还的本息。

（6）推迟添置新设备。

（7）租用或贷款购买设备。

4. 请人帮你审核创业计划

有很多机构和专家可以帮你审核创业计划，例如：

（1）政府有关部门。

（2）对你的业务领域和企业类型有经验的咨询顾问。

（3）会计师、银行家、律师等专业人士。

（4）行业协会的专家。

（5）工商管理院校和培训机构的人士。

创业计划书是一份重要的文件，它为你提供了一个在纸面上而不是在现实中测试你所构思的企业项目的机会。如果创业计划书表明你的构思不好，你就要放弃它，这样就能避免时间、金钱和精力的浪费。所以，先做一份创业计划书很有必要，同时，应向尽可能多的人征求意见。

创业计划书是要交给一些关键人物看的，例如潜在的投资者、合伙人或贷款机构，你得仔细斟酌，以便准确地向他们传递他们所需要的信息。

三、 制订开办企业的行动计划

一旦决定实施创业计划，就会有很多事要做，安排这些工作的最好办法是制定一份行动计划，这样所有的任务都可以有条不紊地按时完成。行动计划规定哪些事情要做，由谁来做，何时去做，以及什么时候完成。具体可把要做的事情列一份清单，如选择合适的营业地点、筹集落实启动资金、办理企业登记注册手续、接通水电和电话、购买或租用机器设备、购买存货、招聘员工、办理保险、宣传企业。

创业的陷阱

走错门，入错行，做自己不熟悉的行业；

市场定位错误，选错了顾客；

选错了合作伙伴或用错了人；
把经营之道和朋友之道分开，把用人之道和养人之道分开；
选错了开业地点或时间；
轻信他人承诺，把宝错押在别人身上；
目标太高，急于求成，步子跨得过大，做力所不能及的事情；
盲目乐观，缺少对风险和困难的估计，以致碰到难题，措手不及；
资金不足，没有承受力。

专题训练

你已为创业做好准备了吗？请完成以下测评题。

问题	你的回答	
	是	否
1. 你决定出售什么产品或提供什么服务了吗？	□	□
2. 你知道你的产品或服务的顾客是谁吗？	□	□
3. 你了解潜在顾客怎样看待你的产品或服务吗？	□	□
4. 你知道谁是你的主要竞争对手吗？	□	□
5. 你知道你的竞争对手的产品或服务的价格吗？	□	□
6. 你知道你的竞争对手的长处和短处吗？	□	□
7. 你预测过销售吗？	□	□
8. 你制定好你所提供的产品或服务的销售价格了吗？	□	□
9. 你选择好企业的地点了吗？	□	□
10. 你决定使用某种销售方式了吗？	□	□
11. 你决定使用促销方式吗？	□	□
12. 你知道自己的促销需要花多少钱吗？	□	□
13. 你已经选定某种企业类型了吗？	□	□
14. 你知道雇用什么样的雇员吗？	□	□
15. 你知道雇用员工的法律责任吗？	□	□
16. 你知道与你的企业相关的所有法律规定吗？	□	□
17. 你知道你的企业需要什么样的营业执照和哪些许可证吗？	□	□
18. 你知道办这些执照和许可证需要花多少钱吗？	□	□
19. 你知道你的企业需要何种保险吗？	□	□
20. 你知道办理保险需要花多少钱吗？	□	□
21. 你预测第一年的销售量了吗？	□	□
22. 你预测第一年的销售收入了吗？	□	□
23. 你制订好第一年的销售和成本计划了吗？	□	□

续前表

问题	你的回答	
	是	否
24. 你的销售和成本计划表明第一年有利润吗？	□	□
25. 你制订现金流量计划了吗？	□	□
26. 你的现金流量计划是否表明在你经营企业的前 6 个月里不会耗尽现金？	□	□
27. 你计算过开办企业所需要的启动资金数额吗？	□	□
28. 你为企业筹集到所需的启动资金了吗？	□	□
29. 如果你计划申请贷款，你预测过可用于担保的资产的价值了吗？	□	□
30. 你是否对开办企业有足够的信心？	□	□

在上述回答中，数一下有多少个“否”，其数量将决定你下一步的工作。

“否”的数量	给你的反馈意见
0	你准备得很好，你可以开办自己的企业。下一步你要做好开办企业的工作计划
1～10 个	你应回到创办企业的准备阶段，并在需要完善的地方进行改进
10 个以上	在目前阶段开办企业的风险太大。如果你仍然想开办企业，建议从创业的最初阶段重新准备

精彩链接

DIY 手工店（四维空间）

常见的创业项目

本章综合训练

知识巩固练习

一、填空题

1. SWOT 分析法的步骤：__________、__________、__________。

2. 请列举一些常见的创业项目：________、________、________、________、________、________。

二、连连看

SO	多元化战略
WO	防御型战略
ST	增长型战略
WT	扭转型战略

三、材料分析题

刘芳的食品杂货店

刘芳一直想开店，自己当老板。她有个邻居开了一家小食品杂货店，收益一直非常好，她看着眼热，便决定开家食品杂货店当老板。于是，她把这一想法告诉了亲戚、朋友和邻居们。她家有一间房适合用来开食品杂货店，她丈夫帮她做了一些搁板和一个柜台。刘芳有些积蓄，加上从亲戚那里借来的钱，足以进货。她在申请到营业执照后，就开业了。

一开业，刘芳就遇到了问题。来她店里的顾客远不及邻居店里的多，而且邻居告诉她，自己店铺现在的经营情况也不怎么好。

1. 刘芳的食品杂货店为什么会出现问题？

2. 在这种情况下，刘芳应该怎么做？

综合实践训练

最佳创业项目评选

● **活动目的**

通过头脑风暴活动，充分发挥集体的智慧和力量，学会思考并寻找适合自己的创业项目，同时也让大家对自己身边的创业项目有一个大致的了解。

● **训练步骤**

1. 每8～10人一组；通过查阅书报资料、网络检索、市场调查等方法收集若干创业项目。

2. 小组各成员每人写下一个自己认为最好的创业项目，并将自己的创业项目和小组其他成员分享，请大家投票，选出最佳创业项目。

3. 小组成员利用头脑风暴法对最佳项目的优势、劣势、成功的要素、可行性等做一个综合性分析。

4. 每组选一位代表介绍本组项目，让全班评出最佳创业项目和最佳创业小组。

● **总结分享**

创业成功的关键，是要有一个适合自己的创业项目，同时也要对创业项目有一个清晰的认识，并做好充分的准备。希望大家多留意身边的商机，多思考，充分发挥集体的智慧和力量，如此才有可能找到适合自己的创业项目。

拓展训练

寻找适合自己的创业项目

在你的学校及你熟悉的周边环境（如社区、城镇）仔细观察，选择一家生意红火的小店（或你理想中的小店），利用寒暑假到店里“打假期工”，并完成一份调查报告，主要内容如下表所示。

调查报告

项目	内容	启发
1. 为什么这家店生意这么红火		
2. 经营的产品有什么特色		
3. 进货渠道、制作技术		
4. 主要产品的成本、售价、日销售额		
5. 提供哪些服务（如为居民代缴水电费、公交卡充值等）		
6. 主要消费群体		
7. 促销方法		
8. 员工工作分工、工资福利		
9. 店规		
10. 老板是如何管理的（日常工作）		
11. 其他		

第七章
市场分析

顺应趋势，花全部的时间研究市场的正确趋势，如果保持一致，利润就会滚滚而来!

——（美）江恩

学习目的

1. 了解市场分析的具体内容，以及市场分析的具体途径和方法。
2. 通过对顾客、竞争对手的分析和了解，学会制订营销计划，提高市场分析能力。
3. 认识市场分析的重要性，只要对市场有一个准确的把握，创业就成功了一半。

内容描述

市场分析主要是对顾客、竞争对手等进行深入分析和调查，然后在调查分析的基础上，确定创业项目，并制订一份详细的营销计划，这样才能把创业风险降到最低。

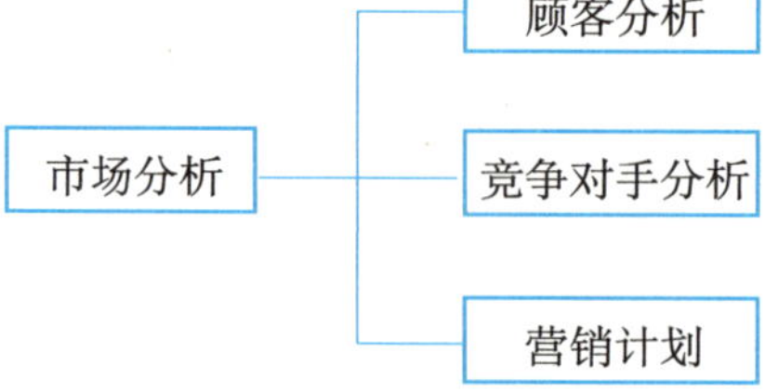

第一节　顾客分析

案例

新潮农民创业之路

李学友，42岁，四川省成都市郫县安德镇人，他与大多数中国农民一样——勤劳、朴实、憨厚、单纯。他总爱操着一口浓重的四川腔，腼腆地说："没啥子，没啥子，种地的嘛！"

但谁也没料到，城市里的时髦玩意儿——微博，竟然改变了这位乡村农民的平凡生活，他拥有了自己的"粉丝"，被称为"最潮的农民"，并因此上了报纸和电视……

2008年，李学友学会了用电脑玩"斗地主"，在他看来，"电脑很好耍"，仅此而已。2009年，李学友学会了在网上看新闻、上"农民论坛"，他通过"看不见摸不着的网络"认识了做环保农耕的世界自然基金会（WWF）的志愿者，得到了学习种植生态蔬菜的机会。种了很多年地的李学友，生平第一次知道了"不用化肥和农药的蔬菜可以更来钱儿"，也第一次见到了"神奇的太阳能捕虫器"。

在志愿者的帮助下，2010年，李学友开通了微博，他看着大家七嘴八舌地讨论着，却不知道自己该说什么，一年下来，李学友只有1名粉丝。2011年春天，李学友决定在微博上"摆摆自己种菜的事"。他开始写下——"我的青笋冒薹了。""萝卜缨子好惹人喜欢。""油菜长得好肥。"……

让李学友始料未及的是，这些看似简单的只字片语竟引来了无数粉丝的围观，很多粉丝要求，"拍个照片看看！""菜卖不卖啊，能不能送到家里来尝尝？""能在微博上订菜吗？"……

突如其来的关注让李学友异常兴奋，他学会了用手机拍照，并发到微博上。他决定用微博打广告，把他所在的环保农耕小组的菜通过微博卖出去。但是怎么卖呢？李学友将蔬菜的图片、价格、派送范围整理到一张表格中，把表格发到了微博上。

可惜，围观的多，询问的多，看热闹的多，却没人掏钱买。2011年7月，一位粉丝成为了李学友的客户。该粉丝通过微博下了第一个订单："油菜安逸哦，来个三斤。韭菜嫩不嫩啊？先尝个两斤。"

从此，李学友的粉丝越来越多，现在已经有4 000多人。虽然李学友经常因为接受媒体采访而影响了正常的生活，但他仍乐此不疲，他也在打着小算盘："你们也给我做广告了嘛，让更多人知道我们，买我们的菜。”他更希望，“能吸引大客户多买点，小散户还是不行，买的少，送起来麻烦，还不够跑路的成本。”

如今，每天“刷微博”成为了李学友最重要的事，他通过这个小小的窗口，争取着每一单有可能成功的生意，也通过这个时髦的小玩意儿，探索着新一代农民的成功之路。

思考讨论

1. 李学友的蔬菜有什么特别之处？
2. 李学友是通过什么方式来吸引顾客的？

一、 顾客的定义

通常来说，“顾”是拜访、光顾的意思，“客”是指来宾、客人，此外还有以客礼相待的意思。在此，顾客泛指商店或服务行业中前来购买东西或服务的对象，包括组织和个人。

顾客关系又称消费关系，是指产品的供应者、销售者与购买者、消费者之间的广泛联系，是商品经济社会中最重要的关系。

二、 顾客分类

按接受产品的顺序，顾客可分为过去顾客、目标顾客和潜在顾客三类：

（1）过去顾客：已经购买过产品或服务的顾客。

（2）目标顾客：正在购买产品或服务的顾客。

（3）潜在顾客：可能购买产品或服务的顾客。

三、 良好顾客关系的构建

1. 企业与顾客双向沟通

（1）企业要了解顾客。企业要处理好顾客关系，必须以全面且准确地了解顾客的需要或意向为前提。企业可通过调查研究准确把握顾客的购买行为。例如：

顾客的基本信息：顾客的年龄、性别、职业、爱好等情况。

顾客的需求：对产品的性能、种类、质量、包装以及价格等方面的需求。

顾客对服务的评价：服务态度、服务信誉、售后服务、企业的整体形象等。

（2）让顾客了解企业。企业应通过各种途径，开展与顾客的信息交流和情感沟通。如通过海报、广告、促销活动等形式，让顾客了解：企业的宗旨、战略和历史等，以及企业产品的性能、规格、价格、品种和销售方式等。

2. 环环相衔，宏观调节

（1）提供优质产品。

（2）自始至终向顾客提供周到的服务。

（3）妥善协调供、产、销环节中的诸多关系。产品的生产与消费中存在着原材料供应、批发、运输、零售等一系列中间环节。如果其中某个环节出现差错，就有可能产生产品或服务质量问题，顾客就会直接指责企业。

（4）及时处理好顾客纠纷的善后工作。

3. 主动引导，加强消费管理

企业可通过消费调查、消费教育、消费引导等方法，将原来多少带有些许盲目性的顾客群，引导到稳定的消费序列中，为企业创造稳定的顾客队伍。如有些厂家致力于产品的系列化，有的则尝试实行分期付款制度或会员制度，这些尝试无疑会为企业创造稳定的消费群体。

假如你是店员，你会怎么做

情景1：顾客进店观察15秒后，你会怎么做

顾客从进门开始，就应友善地与其打招呼。利用顾客进店后短短的15秒，通过观察，迅速判断出顾客的职业与偏好，据此迅速找出顾客可能喜欢的商品，并拿出商品给顾客看，同时介绍该商品的特点。

顾客有问必答——只要你满足了他的需求，你想不成交都难。

情景2：顾客进店后径直向某款产品走去，你会怎么做

这时大脑应在2秒钟内迅速判断出这款产品的特点、颜色、尺码等是否适合该顾客，如果刚好适合，应放下其他事，立即来到顾客身边，询问顾客，目的是了解顾客购买产品的真正意图，激发顾客的购买需求。

俗话说“知己知彼，百战不殆”，这一步很关键。了解顾客的真正意图后，再根据产品的特点向顾客介绍他最关心的问题，他没有关心的问题最好不要介绍，有时候你所介绍的这款产品的优点刚好是这个客人不喜欢的缺点。

如果这款产品没有顾客需要的尺码、颜色等，就要想办法转移顾客的视线，这时就要介绍一款和这款产品差不多的产品给顾客，并强调这款产品比他之前选的那款更好销，同时应立即将这款产品拿给顾客，并努力劝说顾客试用或试穿。

情景3：顾客停下脚步触摸商品时，你会怎么做

顾客将商品拿在手上翻看，或用手触摸商品表面，这是对此商品产生喜爱的表现。店员一定不可错过这个好机会，应立即上前招呼顾客并亲切地问：“你喜欢这种颜色吗？我们还有其他颜色。”“这件衣服大一点，这里有小号的，您可以试穿一下。”“先生，您好。这是……，欢迎试穿。”

专题训练

1. 顾客按接受产品的顺序可分为__________、__________、__________。

2. 如何构建良好的顾客关系？

3. 材料分析：如何吸引更多的顾客？

（1）国内一家西餐厅在店内摆放了一只超大的玩具熊，大到就算是你只是路过都会注意到。一般来说，这种状况必然会引起大家关注。店家不仅主动让大家来合影，还用拍立得免费给他们拍照，并赠送相片。进了店，大家才发现，这是一家相当有格调的店铺。装修和陈设都给人一种想要拍照的冲动，但有些人想消费却又怕太贵了，所以看看就走了。

如果你是店主，你计划怎样留住顾客？

（2）某美容院附近有几家大的写字楼和政府办公机关，许多公司白领和公务员每天从美容院门口路过。

你觉得美容院应如何吸引过路的公司白领和公务员呢？（推荐1～2种方案）

（3）某饭店食品质量很好，服务也很好，但是由于开业不久，地段比较偏僻，所以生意一直不是很好，请你提出几个比较好的方案。

4. 目前市场上，你认为年轻人、中年人、老年人分别喜欢哪些商品或服务？为什么？请填写下表。

内容	年轻人	中年人	老年人
喜欢的商品			
选择的理由			
消费心理			

5. 统计一下班上同学拥有哪种品牌的手机最多，他们为什么选择这种品牌的手机？你购买手机时会考虑哪些因素？

6. 最近购物过程中有没有发生过不愉快的情况？原因是什么？

第二节　竞争对手分析

案例

一个卖报老汉的故事

小王每天坐35路车上下班，车站总有一个卖报纸的老汉。老汉穿着整洁，精神矍铄。看起来每天的生意都不错。

有一天小王下班时间不算晚，他买了老汉一份报纸，便和他闲聊了起来。

“老师傅，生意不错吧！”

“嗯，还可以，过得去吧！”

“看您成天忙忙碌碌的，收成一定不错。”

“呵呵，反正养老婆和供孩子读书基本没问题！朋友，别看我普普通通，我家女儿可是在南大读书哩！学费贵哩！”

“哟，老师傅，你真行啊！一般人可没您这么大能耐呢！”

“呵呵，朋友你可真会说话。不过你倒没说错，我吧，不动不摇，一个月4 000块是没有问题的！”

老汉打开了话匣子，和小王聊了起来。两年前，老汉在工厂下岗了。下岗工资就那么少，生活的压力使得老汉开始打算卖报挣钱。几经挑选，他发现35路车总站人流量大，车次多，于是便选定在35路车总站卖报。

但是，经过几天蹲点他发现，车站固定的卖报人已经有两个。其中一个卖了很长时间了，另一个好像是车站一位驾驶员的熟人。

他想：如果不做任何准备就直接进站卖报，一定会被人家赶出来。于是老汉打算先从车站管理员打开突破口。

开始，老汉每天给几位管理员每人送一份报纸，刚开始人家跟他不熟，不要他的报纸。他就说这是在附近卖报剩下的，一来二去他就和管理员熟了。老汉这时就开始大倒苦水，说现在下岗了，在附近卖报销量也不好，一天卖不了几份，而女儿马上就要参加高考了，高昂的学费实在无力负担，女儿学习成绩那么好，如果不让她读了真的对不起她……

人心都是肉长的，车站管理员就热心帮他出主意：“那你就到我们车站来卖报嘛，我们这边生意蛮好的，他们每天都能卖几百份呢。”

有了车站管理员的许可，老汉光明正大地进站了。这站是进了，可一共有三个卖报人，卖的又是同样的报纸。老汉冥思苦想一番，有了！其他两个卖报的都是各有一个小摊点，分别在车站的一左一右。老汉决定，不摆摊，带报纸到等车的人群中和进车厢里卖。

卖了一段时间后，老汉总结了一些门道：等车的人中一般中青年男士喜欢买报纸，车上的人中一般有座位的人喜欢买报纸，并喜欢一边吃早点一边看，另外有重大新闻的报纸卖得特别快。

于是，老汉又有了新的创意。每天卖报纸时，他不再叫《快报》《晨报》《金陵晚报》，而是根据新闻来叫：明星绯闻、小区投毒案告破、传染病疫情最新进展、病毒研究有重大突破……

果然，这一招十分见效！原来许多没打算买的人都纷纷买了报纸。几天下来，老汉发现，每天卖的报纸居然比平时多了一倍！同时，老汉还凭借和车站管理员的良好关系，让同样下岗的老婆在车站摆了个小摊卖豆浆。

旁边卖早点的摊点已经有十来个了，顺带卖豆浆的也有四五家。而老汉的老婆不同，她只卖豆浆，而且她的豆浆是用封口机封装的，拿在手上不会洒出来。结果，老汉老婆的豆浆摊生意出奇地好！

思考讨论

1. 老汉在卖报之前，做了哪些准备？老汉卖报以及老汉老婆卖豆浆的方式和其他人相比有什么不同？

2. 上述故事对你有什么启示？

一、 竞争对手的概念

竞争对手是指在某一行业或领域中，拥有与你相同或相似资源（包括人力、资金、产品、环境、渠道、品牌、技术、服务等）的个体或团体，并且该个体或团体的目标与你相同，产生的行为会给你带来一定的利益影响。

二、 竞争对手的类别

（1）直接竞争对手：与本企业生产的产品或提供的服务相同且满足同一目标用户群体需要的竞争对手。如可口可乐与百事可乐。

（2）间接竞争对手：与本企业生产的产品或提供的服务可能不同，但目标用户群一致的竞争对手。如可口可乐与农夫山泉。

（3）替代性竞争对手：与本企业生产的产品或提供的服务的功效相同，且能满足同一需求，但产品性质却不同的竞争对手。如智能手机与照相机生产厂家。

（4）潜在竞争对手：暂时对企业不构成威胁但具有潜在威胁的竞争对手。如冰箱与洗衣机生产厂家。

三、 竞争对手调查分析

1. 需调查分析的信息

在对竞争对手进行调查时，主要从竞争对手的特征入手，如竞争对手的数量、经营实力、组织结构等，具体如表 7-1 所示。

表 7-1　竞争对手信息调查表

竞争对手的特征	具体信息
数量与经营实力	竞争对手的数量、销售量、经济实力、企业形象、经营历史与规模等
组织结构	团队组成、成员分布、管理和经营模式
竞争策略	销售渠道、服务内容、回款周期与收款方式、营销队伍、促销手段及资金投入等
产品或服务	价格、品牌、种类、性能等
核心技术	原材料的采购、技术、人员综合素质及生产设备等
客户信息	顾客联系方式、分布区域、分布群体、各区域市场的经营状态等
营业场所及租金	店面位置、场地成本以及启动资金

2. 调查分析的渠道

（1）行业报纸杂志与网络。了解竞争对手的性质、经营历史与规模、产品品种、市场侧重点等内容。

（2）竞争对手的客户或代理商。从这个渠道可以了解到对手的市场形象、服务、物流、公关、销售策略，产品的性能、价格、品质、稳定性，以及技术水平的发展情况。

（3）接近竞争对手。可以通过变换上下游角色直接调查竞争对手，从中了解竞争对手原材料采购的渠道与价格，以及产品的价格、服务、物流、付款方式等信息。

（4）下游产品的销售市场或档口。通过这一渠道可以了解竞争对手产品的性能、品质、销售渠道、声誉等信息。

（5）本企业内部。通过咨询企业内部的销售部、采购部、技术部、应用部可获取竞争对手的有关信息。采用这一渠道收集的信息客观、直接、反馈及时。

（6）各类展会。通过参加本行业的各类展会，从中了解竞争对手的产品、技术与人员素质。

（7）政府相关部门与行业机构。对规模和影响力较大的竞争对手可以通过查询政府相关部门与行业机构的统计数据、公开报表等获取相关信息。

针对以上调查渠道具体可采用电话、面谈、互联网查询等方法进行。在调查实施过程中，要注意所获取信息的全面性、及时性、真实性，科学分析和判断所获取信息的价值，对无效信息要及时清理，以提高调查分析的工作效率。

企业商贩意识的危害

“同行是冤家”，这是市场上的小商贩们的共识，但如今却反过来支配了中国的一些大企业，以至于同行相残的丑闻屡次曝光在大众面前。

同是出自内蒙古草原的蒙牛和伊利就成了一对宿敌。早在 2002 年，伊利就曾同一公关公司“炮制”了一个“杀牛计划”，败落后，几个幕后策划人锒铛入狱。之后，蒙牛又来了个反戈一击，同样也是东窗事发。

无独有偶，河南的春都和双汇这一对加工火腿肠的兄弟品牌也曾发生过类似的对抗。当时，双汇对春都发动了价格战，但采取的做法却是虚晃一枪——增加淀粉含量，推出被称为“面棍”的低价火腿肠。春都则在其后将很多产品都做成了“面棍”，直到最终被消费者抛弃。双汇用低价奇兵引诱春都火腿肠大军陷入了十面埋伏。如今，没有了春都这一竞争对手的压力，双汇开始逐渐沦落，如果这样下去，双汇极有可能步春都后尘。

同行不仅有竞争性的一面，而且也有合作性的一面，它们尽管拥有各自的商业利益，但也有着共同的行业利益，因此，它们不仅是商业对手，同时也是事业上的伙伴。竞争的存在使得它们相互促进，不断进步，使得消费者的利益最大化；而合作又可以使它们顾全大局，维护整个行业的健康发展，从而得以维护自身利益。

但为什么不少中国企业在处理与对手的关系时却只想到竞争而忽视了合作呢？这是因为它们的经营管理思想中只有利，它们斤斤计较和精打细算的只是自己的利益，它们的商业目标丧失了行业秩序、消费者利益等以社会责任为内涵的时代精神。

因此，它们更多的时候是见利忘义，而不是以义取利，只有当诸如三聚氰胺这样的问题和事件影响到自身利益时，它们才会显示出自己对消费者的尊重和关心。

肯德基和麦当劳、可口可乐和百事可乐竞争了上百年，但它们却能够做到尊重和敬畏对手，可口可乐某总裁曾被问及可口可乐长盛不衰的秘诀时回答：“因为我们有一个伟大的对手。”

同样，当可口可乐的内鬼企图把该公司某一产品的秘方出卖给百事可乐时，百事可乐选择了报警以维护可口可乐的利益。它们把竞争对手视为鞭策自己进步的外在力量，在尊重对手的同时也赢得了对手的尊重，而整个行业也在这种相互尊重中得以健康发展。

由于历史原因，中国社会在短短几十年的发展中浓缩了人类从农业社会、工业社会到信息社会的整个历程，我们在物质上已经达到了与发达国家同步发展的水平，但在思想上，却依然存在着诸多极其落后的意识，如在伊利和蒙牛掐架事件中表现出来的就是商贩意识，这在本质上是小农意识在商业领域中的扩散和表现。

市场经济的扩张所带来的全球一体化也是各个民族纷纷携带着自己的文化和技能融入世界的过程，而中国的“走出去”绝不是裸官和贪官的外逃，不是崇洋媚外的移民潮，也不只是中国产品、技术、品牌和资本的“走出去”，更应该是上下五千年生生不息的传统文化、思想、精神和美德的全球性张扬。

专题训练

1. 我们一般可以通过________、________、________、________、________、________、________等渠道了解竞争对手。

2. 在对竞争对手进行调查分析时，需要收集哪些信息？

____

____

3. 请分析以下材料，并回答问题。

材料一：蒙牛和伊利是我国的两大乳品企业，也是多年的竞争对手。2012年3月，呼和浩特市回民区人民法院就2010年蒙牛乳业恶性营销案件做出了一审判决，涉案的蒙牛员工及公关公司员工共六人获刑。法院的判决书中说，蒙牛市场部项目经理安勇以及受雇于蒙牛乳业的公关公司——北京博思智奇公关顾问有限公司副总经理肖雪梅等六名被告人，通过网络媒体捏造和散布虚伪事实，诋毁和损害了伊利集团的商业信誉和QQ星奶的商品声誉，其行为构成损害商业信誉、商品声誉罪。

材料二：杨刚和李毅是好朋友，杨刚性格开朗，爱好英语，李毅温和善良，喜欢数学。他们在学习和生活中既互相竞争又互帮互助，双双被评为学校的“学习标兵”。

（1）材料一给了我们什么启示？

____

____

（2）结合材料一和材料二，谈谈互为竞争对手的双方应该怎样做？

____

____

（3）你认为竞争的方式有哪些？哪个最为重要？为什么？

____

____

4. 选择一个你想创业的项目，分析有哪些竞争对手，并提出你的竞争策略。

名称	项目	优势	劣势
你的创业项目			
直接竞争对手			
间接竞争对手			

续前表

名称	项目	优势	劣势
替代性竞争对手			
潜在竞争对手			
你的竞争策略			

5．调查学校、社区周边哪家企业或商店的竞争力最强，并分析其原因。

第三节　营销计划

案例

陈雯是海宁职高经服班的毕业生。在校一年级时参加了多个社团，并在班中担任文艺委员。到了二年级时，因学校课程安排较少，所以想出去锻炼一下自己：周末和几个朋友去打一些零工。虽然工钱不多，但从中学到了不少，更重要的是了解到赚钱真的太不容易了。

一天，她和朋友在逛学校附近的一个商业区，她发现这边的人流量还蛮多的，出于对服装的爱好，她们打算在这里开一家做学生生意的服装店，但一打听房价，就失去了一半信心，一年两三万元的房租对于几个并不富裕的学生来说简直是个天文数字，更何况也没有百分百的把握可以搞好这个店。但功夫不负有心人，在一条不起眼的小弄口有一个二十平方米左右的小平房（一间只有三四张床的小旅店），因为上下课的时候部分学生经常从这条小弄走，所以她们觉得这是一个很有利的条件，接下来跟房东协商后以九千元一年的价格将房租了下来，当时还不敢跟家人讲。她们从东拼西凑的一万八千元钱开始了她们"经商"的第一步。为了节省开支，她们熬了三个通宵亲手对店铺进行了装修，并取名"衣狂"。

她们的服装店开业了。为了大力宣传她们的店，她们在路边发过传单，在学校的宣传栏上贴过广告，还多次赞助学校社团搞活动，以扩大知名度，让她们没想到的是，不到半年时间，那条不起眼的小弄变成了有名的服饰一条街，在短短的一年时间里，她们的店由一家扩大到两家，两家扩大到三家。她们并不满足于现状，经过一段时间的调查和考虑，她们把下一个目标定在了丽水，一个发展中的城市。经过详细调研，她们投资了二十多万元开了一家一百平方米左右的中高档服装店，消费群体定位在20～35岁的白领阶层，以国际时尚品牌服饰为主，并注册了她们的商标，以服装连锁店的形式开始经营她们的店。

但在社会上开店真的比想象中难多了，压力也大多了。刚开始的时候生意不好，后来她们买了很多服装营销的书，借鉴别人的优点，对自己的店进行了大规模的整顿，后来生意就逐渐好了起来。

现在她们的目标是自己设计服装并进行少量的加工生产，创自己的品牌。

思考讨论

1. 陈雯是如何选择店面的？
2. 陈雯在创业初期是通过哪些方式开展促销的？
3. 陈雯的创业发展历程对你有什么启示？

一、 营销计划的概念

营销计划是指在对企业市场营销环境进行调研分析的基础上，制定企业及各业务单位的营销目标以及实现这一目标所应采取的策略、措施和步骤的明确规定和详细说明。

二、 营销计划的分类

营销计划根据时间长短可分为长期计划、中期计划和短期计划三种。

（1）长期计划：期限一般在5年以上，是确定企业未来发展方向和奋斗目标的纲领性计划。

（2）中期计划：期限一般为1～5年。

（3）短期计划：期限通常为1年，如年度计划。

三、 营销计划的制订

营销计划的制订要从市场营销的四个方面入手，即产品（Product）、价格（Price）、地点（Place）、促销（Promotion），由于这四个词的英文首字母都是P，所以以4P为核心制订营销计划的方法也被称为“4P”策略。

1. 产品策略

产品是指企业能够提供给市场，被人们使用和消费，并能满足人们某种需要的东西。整体产品由核心产品、形式产品、附加产品三部分组成，具体如表7-2所示。

表 7-2　整体产品的三个组成部分

核心产品	产品最基本的效用或性能，是顾客需要的中心内容
形式产品	产品的形体和外在表现，是产品的实体。包括产品的质量、品牌、包装、特色、形式等
附加产品	企业在产品售前、售中、售后为顾客提供的各种服务

产品策略是指企业为目标市场提供的产品及相关服务的统一体，具体包括产品的质量、特色、外观、品牌、规格、服务、保证等内容。产品策略包括产品组合策略、产品生命周期、品牌策略、包装策略、服务策略等。

(1) 产品组合策略：一个企业生产经营的全部产品或服务的结构，即各种产品线及产品项目的有机组成方式，具体如表 7-3 所示。

表 7-3　各种产品线及产品项目的有机组成方式

具体策略	内容	优势	劣势
扩展策略	1. 增加产品线，扩大经营范围； 2. 增加新的产品项目，发展系列产品	1. 充分利用人力资源； 2. 分散风险； 3. 增强竞争力	1. 分散经营者精力； 2. 增加管理难度； 3. 增加成本； 4. 产品质量没有保障
缩减策略	1. 剔除获利小的产品线或产品项目； 2. 集中经营获利的产品线或产品项目	1. 集中精力对少数产品改进品质； 2. 降低成本； 3. 提高经济效益	1. 失去部分市场； 2. 增加企业风险
延伸策略	向下延伸：在高档产品中增加中档、低档产品项目	1. 节约新品牌推广费； 2. 新品可以迅速推广； 3. 充分利用资源； 4. 填补产品线空缺	1. 提高成本； 2. 增加管理难度
	向上延伸：在现有产品线中增加高档产品项目	1. 档次更全，占领更多市场； 2. 增加利润，提高产品市场形象	1. 生产和销售经验缺乏； 2. 市场对高档产品缺乏信任； 3. 竞争压力加大
	双向延伸：向高档和低档产品线延伸	扩大市场	成本提高，竞争压力加大

(2) 产品生命周期：产品从投入市场到最终退出市场的全过程，该过程包括产品的萌芽期、成长期、成熟期和衰退期四个阶段，具体如表 7-4 所示。

表 7-4　产品的生命周期

产品阶段	特点	产品策略
萌芽期	销售量增长缓慢、消费者还不熟悉、产品质量和性能不稳定	1. 快速撇取策略：高价高促销。适用条件：产品新颖，市场潜力巨大，有竞争威胁。 2. 缓慢撇取策略：高价低促销。适用条件：市场规模小，产品有一定知名度，消费者对价格较敏感，竞争激烈。 3. 快速渗透策略：低价高促销。适用条件：市场容量大，消费者对价格较敏感，竞争激烈。 4. 缓慢渗透策略：低价低促销。适用条件：市场容量大，产品知名度高，消费者对价格敏感
成长期	生产能力形成，销售渠道畅通，销售量迅速增长	1. 企业考虑扩张，扩大宣传范围，增加销售网点； 2. 改进技术，增加品种，提高质量，适当降低成本和价格
成熟期	产品生产量大，销售量大，阶段持续时间长	1. 强化管理，降低各方面成本； 2. 采取积极营销策略，增加销售力度
衰退期	销售量每况愈下，期待新产品出现	1. 改进市场：扩大销售渠道，开发新市场，增加使用者数量； 2. 改进产品：改进包装，增加新特点、新用途； 3. 改进营销组合：推出新产品，产品组合上市

(3) 品牌策略：品牌在法律上叫商标，是一个名称、标记、符号或设计，或是它们的组合，其目的是识别某个销售者或某群销售者的产品或服务，并使之同竞争对手的产品或服务区别开来。品牌策略通常分为个别品牌策略、单一品牌策略、同类统一品牌策略、企业名称与个别品牌并行制策略、品牌延伸策略，具体如表 7-5 所示。

表 7-5　品牌策略的分类

品牌策略	特点	适用条件
个别品牌策略	企业对各种不同产品分别采用不同的品牌	1. 企业同时经营高、中、低档产品时，为避免某种商品声誉不佳而采用这一策略； 2. 原有产品有负面影响，在发展新产品时采取多品牌命名
单一品牌策略	1. 一牌一品：一个品牌下只有一种产品的品牌战略； 2. 一牌多品：一个品牌下有多种产品的品牌战略	有利于企业节约促销费用，新产品开拓市场及品牌的成长，树立产品专业化的形象
同类统一品牌策略	对同一产品线的产品采用同一品牌，不同产品线的品牌不同	统一品牌适用于产品生命周期较长的耐用消费品
企业名称与个别品牌并行制策略	在不同的产品上使用不同的品牌，但每一品牌之前都冠以企业的名称	1. 企业在市场有较高声誉，有利于新产品迅速进入市场； 2. 显示各种产品的特色
品牌延伸策略	企业将某一有影响力的品牌使用到与原来产品不同的产品上	1. 产品相关度越高，消费者越容易接受，越容易成功； 2. 将原品牌延伸到原有忠诚消费群所消费的新产品中去

(4) 包装策略：规定包装应为何物，或对特定产品起什么作用。包装策略通常包括类

似包装、组合包装、附赠品包装、再使用包装、分组包装、改变包装等策略，具体如表7－6所示。

表7－6　包装策略的分类

包装策略	具体内容
类似包装	企业所有产品的包装在图案、色彩等方面，均采用统一形式
组合包装	把若干有关联的产品，包装在同一容器中。如化妆品的组合包装、节日礼品盒包装等
附赠品包装	在包装物中附赠一些物品，从而引起消费者的购买兴趣
再使用包装	包装物在产品使用完后，还可另做他用
分组包装	对同一种产品，可以根据顾客的不同需要，采用不同级别的包装。如用作礼品，则可以精致地包装；若自己使用，则只需简单包装
改变包装	当由于某种原因导致产品销量下降，市场声誉下滑时，企业可以在改进产品质量的同时，改变包装形式，从而以新的产品形象出现在市场上，改变该产品在消费者心目中的不良形象

（5）服务策略：一种特殊的无形活动，它向顾客和用户提供所需的满足感。通常包括以下内容：接待来访和访问用户、提供业务咨询与服务、质量保证承诺、产品安装和调试、维修和备品配件供应、信用服务，以及定期为用户提供产品检查、维修和保养服务，此外还可根据用户的特殊要求提供服务。

2. 价格策略

价格是指企业的产品或服务要换回来的货币数，它是营销组合中的可控变量之一。商品和服务的价格形式受价值、成本和市场供求关系的影响。在完全竞争或垄断竞争市场结构下，市场中有较多的生产经营者，多数企业无法控制市场价格，市场上同质商品的可选择性强，市场信息充分，市场经营者对市场信息反应灵敏，为抢占市场份额，企业纷纷采用多角度应对策略，展开价格大战。

价格策略通常包括新产品定价、产品组合定价、价格调整策划三方面内容。

（1）新产品定价：关系到新产品能否顺利进入市场，企业能否站稳脚跟，能否取得较大的经济效益。常见的新产品定价策略主要有三种，即撇脂定价策略、渗透定价策略和满意定价策略，具体如表7－7所示。

表7－7　新产品定价策略

撇脂定价策略	渗透定价策略	满意定价策略
价格定得较高，在短期内获利较多，竞争者进入市场后，再按正常价格水平定价	价格定得较低，可吸引大量购买者，借此打开产品销路	一种介于撇脂定价与渗透定价之间的定价策略，以获取社会平均利润为目标

（2）产品组合定价：企业为了实现整个产品组合（或整体）利润的最大化，在充分考虑不同产品之间的关系以及个别产品定价高低对企业总利润的影响等因素的基础上，系统地调整产品组合中相关产品的价格。主要策略有产品线定价、任选品定价、分级定价、产品捆绑定价，具体如表7－8所示。

表 7-8　　产品组合定价策略

产品线定价	任选品定价	分级定价	产品捆绑定价
为同一产品线中的不同产品确立不同的角色，制定高低不等的价格。如某品牌西服有 300 元、800 元、1 500 元三种价格	与主要产品密切相关的可任意选择的产品。如饭菜是主要产品，酒水为任选品	又称分部定价法或两段定价法。服务性企业经常收取一笔固定的费用，再加上可变的使用费。如游乐园一般收门票，如果游玩的项目超过门票的规定，就再交费	企业经常将一些产品组合在一起定价销售。如此可使成套购买的价格低于单独购买其中每份产品费用的总和，如对于成套设备、服务性产品等

（3）价格调整策划：企业通常需要针对顾客差异及形势变化调整产品的基础价格。价格调整策略包括折扣定价、心理定价、促销定价和差别定价。折扣定价有数量折扣、现金折扣、时间折扣三种形式，具体如表 7-9 所示。

表 7-9　　折扣定价形式

数量折扣	现金折扣	时间折扣
按购买数量的多少分别给予不同的折扣，购买数量越多，折扣越大	给予在规定时间内提前付款或用现金付款者的一种价格折扣	企业为鼓励顾客在淡季、特定的日期和钟点购买给予的一种价格折扣，以使企业的生产和销售一年四季能保持相对稳定

心理定价包括数字定价、招徕定价、习惯定价、声望定价，具体如表 7-10 所示。

表 7-10　　心理定价策略

数字定价	招徕定价	习惯定价	声望定价
企业利用消费者的心理错觉，制定整数和非整数价格。如某产品的定价为 9.99 元而不是 10 元；有的商品定价为 10 元而不是 9.8 元	企业将某几种产品的价格定得非常高或非常低，在引起顾客的好奇心理和观望行为之后，带动其他产品的销售	根据消费市场长期形成的习惯性价格定价的策略	根据产品在顾客心中的声望、信任度和社会地位确定价格的一种定价策略

促销定价有牺牲品定价、特殊事件定价、现金回扣、心理折扣四种形式，具体如表 7-11所示。

表 7-11　　促销定价的形式

牺牲品定价	特殊事件定价	现金回扣	心理折扣
商家用几个产品作为“牺牲品”来招徕客户，希望他们在购买“牺牲品”的同时也能购买其他有正常加成的产品	企业利用开业庆典或开业纪念日或节假日等时机，降低某些产品的价格	企业对在特定时间内购买企业产品的顾客给予现金回扣，以清理存货、减少积压	企业在开始时给产品制定很高的价格，然后大幅度降价出售，以刺激顾客购买

差别定价有的以顾客为基础，有的则以产品或地点为基础，具体如表 7-12 所示。

表 7-12 差别定价的形式

以顾客为基础	以产品为基础	以地点为基础
企业把同一种产品或服务以不同的价格卖给不同的顾客	企业根据产品或服务的不同型号或形式，制定不同的价格，但并不与各自的成本成比例	对处于不同地点的产品或服务制定不同的价格，即使每个地点的产品或服务的成本是相同的

3. 营业地点策略

营业地点是企业开设的地方。对于零售型和服务型企业来说，营业地点一定要离顾客较近，或交通比较方便，以便顾客光临。对于制造商来说，地点应设立在离原材料较近的地方。

（1）零售及服务业店铺选址应考虑以下因素：人口密度高的地区或机关单位集中的地段、交通便利的地区、人们聚集和聚会的场所、同类店铺聚集的地方、费用在自己承受范围之内、跟随经营和服务内容互补者、了解城市及区域规划、学会借助大品牌效应、选低不选高。

（2）店铺选址的途径：通过报纸、网络、房屋中介、亲戚朋友介绍等多种途径搜索信息；团体租赁可获得更多实惠；自己发布公告；自己扫街；利用供应商的资源。

4. 促销策略

促销是指利用某种强化手段向顾客传递信息以吸引他们前来购买产品和服务。促销通常有以下几种方式：

（1）无偿促销：针对目标顾客不收取任何费用的一种促销手段。它包括三种形式：

无偿附赠：以“酬谢包装”为主；

无偿试用：以“免费样品”为主；

免费抽奖：以“实体产品”为主。

（2）惠赠促销：对目标顾客在购买产品时给予某种优惠待遇的促销手段，通常包括买赠、换赠、退赠三种形式，具体如表 7-13 所示。

表 7-13 惠赠促销的形式

买赠	换赠	退赠
购买获赠。如买一赠一、买五赠二、买一赠三等	购买补偿获赠。如花一点钱以旧换新，再加 1 元送××产品，再花 10 元钱买另一个等	只要顾客购买或购买到一定数量时，即可获得返利或赠品。如当购买量达到 100 元时返利 5%等

（3）折价促销：在目标顾客购买产品时给予不同形式价格折扣的促销手段。折价促销包括折价优惠券、折价优惠卡、现价折扣、减价特卖等形式，具体如表 7-14 所示。

表 7-14 折价促销的形式

折价优惠券	折价优惠卡	现价折扣	减价特卖
优惠券上一般印有产品的原价、折价比例、购买数量及有效时间	一种长期有效的优惠凭证，它一般有会员卡和消费卡两种形式	在现行价格基础上打折销售	在一定时间内对产品降价销售。通常有“包装减价标贴”“货架减价标签”和“特卖通告”三种形式

（4）活动促销：通过举办与产品销售有关的活动，来达到吸引顾客注意及参与的促销

手段。活动促销包括商品展示会、抽奖与摸奖、娱乐与游戏、制造事件等形式，具体如表7－15所示。

表7－15 活动促销的形式

商品展示会	抽奖与摸奖	娱乐与游戏	制造事件
活动举办者通过参加展销会、订货会或自己召开产品演示会等方式达到促销目的	顾客在购买商品或消费时，对其给予若干次奖励机会。如刮卡兑奖、摇号兑奖、包装内藏奖等	通过举办娱乐活动，吸引顾客并达到促销的目的。如举办演唱会、赞助各种比赛、举办寻宝探幽活动等	通过制造有传播价值的事件，使事件社会化、新闻化、热点化，以此达到促销目的

（5）双赢促销：两个或两个以上的市场主体通过联合促销的方式实现互利的促销手段。双赢促销成功的关键在于合作主体间的互补性、互利性与统一性。

（6）直效促销：具有直接效果的促销手段。直接促销包括广告宣传、产品演示、产品展列、营业佣金、特许使用等形式，具体如表7－16所示。

表7－16 直效促销的形式

广告宣传	产品演示	产品展列	营业佣金	特许使用
在销售现场张贴与悬挂海报、台标及广告牌，发放与产品相关的宣传单、小礼品等	现场演示产品的特性与优势	在销售现场展示陈列产品	给予经营单位营业人员销售佣金、提成或奖品，以调动其积极性	顾客可在规定时间内使用满意后再付费，如不满意，可无条件将产品退回

（7）服务促销：为顾客提供某种优惠服务，以方便顾客购买和消费的促销手段。服务促销包括开架销售、承诺销售、订购定做、免费培训、送货上门、维护安装、分期付款、会员制经营等形式，具体如表7－17所示。

表7－17 服务促销的形式

开架销售	承诺销售	订购定做	免费培训
使用开放式货架，顾客可以自由选择商品	对顾客给予的一种承诺，如无效退款，承诺三包	专为顾客订购或定做产品	免费向客户传授产品知识与使用方法
送货上门	**维护安装**	**分期付款**	**会员制经营**
将客户所购产品无偿运送到指定地点，或者代办托运	为客户提供产品的安装调试及养护与修理服务	顾客对所购产品可以按规定时间分批次支付款项	商品经营者采用的消费者入会即可享受内部优惠待遇的促销方式

资料来源：http://baike.baidu.com/link?url=KewZVXBz4B-Ghxp2lFuVM4PMGIP4ClH8mz-yBznaJnbYq_29jU-9cZw15RsYNxleI2o04IUc1f7q45ZLKfmXsBa.

打1折

估计大家都喜欢去买打折的商品，因为感觉会便宜很多。其实打折是很多商家的一种促销方式。通常打7折、8折的很常见，5折的就很少见了。但是，今天要说的这个却是打1折！大家是不是很好奇呢？我们一起来看看吧！

据悉，日本东京有个银座绅士西装店。这里就是首创“打1折”销售的商店，曾经轰动了东京。当时销售的商品是“日本GOOD”。他们是这么实行的：首先定出打折销售的时间，第一天打9折，第二天打8折，第三天、第四天打7折，第五天、第六天打6折，第七天、第八天打5折，第九天、第十天打4折，第十一天、第十二天打3折，第十三天、第十四天打2折，最后两天打1折。看起来好像是最后两天买东西最优惠，实际情况是怎样的呢？让我们一起来看一看吧。

商家的预测是：由于采用了让人吃惊的销售策略，所以前期的舆论宣传效果会很好。抱着猎奇的心态，顾客们将蜂拥而至。当然，顾客可以在打折销售期间随意选择购物的日子，如果你想要以最便宜的价钱购得，那么你在最后的那两天去买就行了，但是，你想买的东西不一定会留到最后那两天。实际情况是：第一天前来的客人并不多，大多只是看看，一会儿就走了。从第三天开始就一群一群地光临，第五天打6折时客人就像洪水般涌来开始抢购，以后客人就连日爆满，当然没等到打1折，商品就全部卖完了。

那么，商家究竟赔本了没有呢？你想，顾客纷纷急于购买自己喜爱的商品，就会引起抢购的连锁反应。商家运用独特的创意，把自己的商品在打5折、6折时就已经大部分推销出去了，而“打1折”只是一种心理战术而已，商家怎么会亏本呢？

见过打折促销的，却很少见“打1折”的，我们在佩服商家聪明的同时，也感受到了创意营销产生的神奇效果！

专题训练

1. 产品策略有哪些？

2. 价格策略有哪些？

3. 促销策略有哪些？

4. 如果你的产品面临滞销，你会怎么办？

5. 商家通常会采用哪些方式定价？（举1～5个实例）

6. 你一般在什么时候购物？你觉得什么时候购物最划算？

____

____

7. 构思你的市场营销计划，并将相关内容填入下表。

产品或服务	
主要特征	
顾客群体	
成本价	
销售价	
市场价	
店面选址及租金，选址理由	
促销方式及成本预测	
竞争对手分析	

精彩链接

促销宝典

本章综合训练

知识巩固练习

一、填空题

1. “4P”策略是指________、________、________、________。

2. 常用的心理定价策略有数字定价、______、______、______。

3. 促销定价有牺牲品定价、_______、_______、_______四种形式。

二、连连看

撇脂定价策略	价格定得较低，可吸引大量购买者，借此打开产品销路
渗透定价策略	以获取社会平均利润为目标
满意定价策略	价格定得较高，在短期内获利较多

三、材料分析题

材料一：J牌小麦啤酒生命周期延长策略。

优势：J牌小麦啤酒是一个技术壁垒非常高的新产品；产品泡沫更加洁白细腻、口味更加淡爽柔和，非常适合啤酒消费者的口味需求；有一定的市场基础。

劣势：市场不规范，鱼目混珠，导致人们对小麦啤酒的信任感下降。

如果你是公司决策人，你会采取哪些具体措施延长J牌小麦啤酒的生命周期？

材料二：位于国内某地区的一家珠宝店专门经营珠宝首饰。几个月前，珠宝店进了一批碧玺宝石饰品。该批饰品同商店以往销售的红、蓝宝石饰品不同，它的颜色更鲜艳，价格也更低。对消费者来说，碧玺宝石饰品是一种新产品。副经理张丽十分看好这批造型独特、款式新颖的饰品，她认为新产品将会引发顾客的购买兴趣，形成购买热潮。

为了让顾客感觉物超所值，她在考虑进货成本和平均利润的基础上，为这些商品确定了销售价格。张丽决定尝试运用她本人熟知的营销策略：一方面，她向销售人员详细介绍这批珠宝饰品的特性，并发放了书面材料，以便他们能更详尽、更准确地将信息传递给顾客；另一方面，张丽把这些饰品装入透明展示箱，摆放在店铺的醒目位置。一个月后，碧玺宝石饰品的销售情况令人失望，由此张丽认为顾客不接受碧玺宝石。恰好当时张丽要参加一个大型订货会，出发前张丽决定减少商品库存，在向下属发出碧玺宝石饰品半价出售的指令后就匆忙起程了。然而，降价也没有奏效。

两周后，张丽从外地回来，助手告诉她："经理柳伟将那批碧玺宝石饰品在原价基础上提高了一倍进行销售，结果销售火爆。"张丽很疑惑："低价都卖不掉，怎么高价就卖出去了呢？"

结合上述案例回答下列问题：

1. 张丽对这批饰品采取了哪些促销策略？

2. 这批饰品低价卖不出去，为什么高价反而热销？

3. 从营销角度看，你从中得到了哪些启示？

综合实践训练

博弈游戏

博弈游戏再现了商业领域中的竞争关系和定价策略，为学生提供了实战演习的机会。该游戏是典型的博弈论思想的体现，提出了在“背靠背”的情况下如何应对和猜测对手想法的思路。

时间：40 分钟；道具：幻灯片；场地：教室。

● **活动目的**

1. 培养创新能力。

2. 掌握和运用工作及经营方法。

● **规则和程序**

1. 将学生分成 5～6 个组，每组分别代表一家航空公司。

2. 市场经营规则：所有航空公司的利润率都维持在 9%；如果有三家以下的公司采取降价策略，降价的公司由于薄利多销，利润率可达 12%，而没有采取降价策略的公司利润率则为 8%；如果有三家和三家以上的公司同时降价，则所有公司的利润为 6%。

3. 每个小组派代表到小房间里，教师给他们交代上述游戏规则。并告诉小组代表，他们之间需要通过协商初步达成一份协议。初步协商之后小组代表回到小组，并将情况向小组汇报。

4. 小组经过 5 分钟讨论之后，需要做出最终决策：降还是不降？并将决定写在纸条上，同时交给教师。

5. 教师公布结果。

● **相关讨论**

1. 作为小组代表，在和别组代表讨论时，你的出发点是什么？

2. 回到自己的小组中，你们的决策是在什么基础上产生的？你们是否遵守了几个小组达成的共识？

3. 你们是否运用了博弈论的思想？

● **总结分享**

1. 本游戏看似简单，但结果往往出人意料但又在意料之中，因为大部分公司都会选择降价，结果降价导致了两败俱伤。这个游戏可以用博弈论中的经典案例——囚徒困境的思路来分析：尽管每家航空公司都不降价均可保持 9%的利润率，但是受到降价后可获取 12%的利润率的吸引，它们还是会选择降价。在这种选择下，每家公司都降价就会导致行业利润率的集体下降，变成 6%，但这种结果是无法避免的，因为每家公司都期望追逐高利润。

2. 这个游戏告诉我们：不要认为竞争对手比你傻，不要打价格战，因为价格战没有赢家，经营行为还是应该遵守行业规则和市场规律。

拓展训练

设计一份市场调查问卷

● 活动目的

为自己确定一个创业项目，通过设计一些相关问题，调查这个项目的可行性及发展前景。

● 活动步骤

1. 每10位同学组成一个小组，共同探讨并确定本组的创业项目。

2. 确定项目之后，围绕顾客、产品特征、店面选址、竞争对手及采取的促销手段等事项，进行分析。

3. 依据分析结果，设计一份调查问卷，利用业余时间，打印宣传单页，咨询学校同学和老师，分析项目及具体操作的可行性。

4. 最后评判谁的市场分析最具可行性。

● 分享阶段

通过小组调查问卷，大家一起交流，并分享心得体会，确定项目的可行性。

● 总结

在创业时，市场分析非常重要，要做好充分调查，对创业中可能遇到的问题，要多向同学、老师、亲朋好友请教。

第八章
财务分析

凡事预则立，不预则废。

——《礼记·中庸》

学习目的

1. 让学生了解创业启动资金、制订利润计划的重要性，对经营过程中的开支与收入要有一个清晰的认识。

2. 知道如何获取创业启动资金，能够制订详细的利润计划，能充分利用创业的每一笔资金，对创业项目的发展具备一定的预见能力。

3. 了解自己是否适合创业，什么时候创业，该如何创业。

内容描述

资金是影响创业能否成功的重要因素，所以对如何获取创业启动资金、创业资金应该如何规划、如何经营才能获得利润等问题需要进行深入分析。尤其是在创业初期，要学会规划资金，并对创业利润做好预测，提高资金利用率，尽量把创业风险降到最低，从而提高创业成功率。

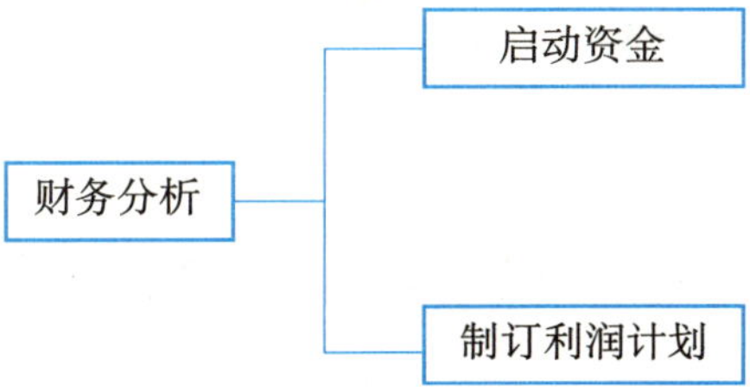

第一节　启动资金

案例

李明的创业为什么会失败

李明一直想办一个企业做肉鸡批发生意，因为他所在的小镇周围有很多农户都在养肉鸡。他和母亲住在一起，母亲非常支持他创办企业，她让李明用家里的房子作抵押向银行申请贷款。

李明得到贷款后立即着手准备。他购买了设备和原材料，在小镇附近租了鸡舍，买了计算机、现代化的制冷设备、新的厢式货车，还在货车门上喷涂了鸡场的标志。李明马上投入到了繁忙的工作中。市场对鸡的需求量很大，他日以继夜地工作，客户还把他推荐给他们的朋友。不幸的是，李明企业的现金流出现了问题，导致他难以按时向银行偿还贷款利息。于是，银行中止了贷款协议，并要求他偿还所有债务，李明不得不宣布鸡场破产。

思考讨论

1. 李明的企业为什么会倒闭？
2. 李明应当怎样做？这个案例对我们有什么启示？

一、　启动资金的概念

启动资金是指创业者在进行创业时前期投入的资本。启动资金主要用来支付场地（土地和建筑）、办公家具和设备、机器、原材料和商品库存、办理营业执照和许可证、开业前的广告和促销以及水电和电话等的费用，大体而言主要包括以下三部分。

1. 投资（固定资产）

投资是指企业购买的价值较高、使用寿命较长的东西。如土地、房屋、工作设施、工具、车辆、办公家具等。

2. 流动资金

流动资金是指企业日常运转所需支出的资金。如购买原材料、商品存货、促销、装修、房租等其他日常开支。

3. 开办费

开办费是指企业在筹建期间发生的各种费用。如市场调查费、工商注册费、税务登记费、各种许可证审批费、加盟费、培训费等。

启动资金的计算公式如下：

启动资金＝投资（固定资产）＋流动资金＋开办费

二、启动资金预测

1. 投资（固定资产）预测

（1）企业用地和建筑。办企业需要有适用的场地和建筑，一般可通过建房、买房、租房、用现有住房几种形式来解决，具体如表 8－1 所示。

表 8－1　企业用地和建筑的几个形式

内容 项目	适用与调整	费用预算	工期	问题
建房	有特殊要求	需大量资金	长	
买房	需部分改造	需较大量资金	较长	
租房	适当装修	一定资金	一般	不稳定
用现有住房	稍微调整	很少资金	短	生活与工作相互干扰

资料来源：http：//wenku. baidu. com/view/f1aa00dbf12d2af90342e62f. html？ re＝view.

（2）工具和设备。设备是指企业所需要的机器、工具、车辆、办公家具等。一些企业在设备上的投资数额很大，因此了解清楚本企业需要什么设备，以及选择正确的设备类型非常重要。即便是只需少量设备的企业，也要慎重考虑确实需要哪些设备，尽量减少投资，降低风险。

2. 流动资金预测

企业在日常运转时通常需要大量流动资金用来支付各种开销。一般而言，需要支付表 8－2 中的项目。

表 8－2　需流动资金支付的项目

投入事项	总费用（元）
原材料	
商品存货	
促销	
装修	
房租	
其他费用（水、电、网费等）	
……	
合计	

有的企业需要足够的流动资金支付前 6 个月的费用，也有的企业仅需要支付前 3 个月的费用。你必须预测，在获得销售收入之前，你的企业能够支撑多久，一般而言，刚开始的时候销售通常不会太顺利，因此，你的流动资金要计划得充裕些。

3. 开办费预测（见表 8－3）

表 8－3　开办费

投入事项	费用总和（元）
市场调查费	
工商注册费	
税务登记费	
……	
合计	

三、 估算启动资金的方法和途径

精确计算出所需启动资金的额度是创业成功的关键。低估了需求，创业者会在没盈利前就捉襟见肘了。高估了成本，创业者又会遇到无法凑齐数额较大的启动资金的困难。以下几种简便的方法可以帮你完成创业资金的估算。

（1）同行。经营业务和你类似的企业是计算创业初期运营成本最佳的信息源。你未来的竞争对手可能不会帮助你，但是只要不在同一区域，他们大多还是非常愿意帮忙的。

（2）供应商。供应商也是一个研究创业成本不错的信息源。

（3）行业商会。行业商会可以提供启动费用明细和财务报表样本、行业内相关企业家和供应商的名单、市场调研的数据和其他有用的信息。

（4）连锁加盟机构。如果你计划加入某连锁企业，特许经营权拥有者会为你提供关于启动费用的相关数据。然而，不要完全依赖这些数据，因为费用会因地区不同而有所差异。

（5）创业顾问。一个合格的创业顾问可以提供关于启动资金的相关建议，甚至为你做很多调查，还可以帮你将自己的调查数据转变成实用的财务预测方案。

（6）与创业相关的文章。与创业相关的文章可以让你大致估算所需的启动成本，并帮助你列出相关项目的费用清单。

（7）拥有相关企业创业经验的人员。这些人员也可为你估算创业启动资金提供许多有价值的建议。

四、 启动资金的来源

1. 自己的积蓄

在实践中，不少企业家的创业资金都来自自己的积蓄。“先打工赚钱，再出来创业”是许多创业者筹集启动资金的主要路径。

2. 向家人、朋友借钱

向家人、朋友借钱，应该是很多创业者采取的方法。优势是成功概率高、投资和利息条件更优惠，而且能够更快拿到钱。但随之而来的问题也会很多，如家人、朋友可能会插手公司的管理；如果创业失败，可能会一辈子对他们有负罪感。

3. 合伙经营

不少人选择合伙创业的方式来减轻创业初期资金的压力，人多力量大，一个出几万，10 万元、20 万元的启动资金很快就能凑齐。但是请注意，用别人的钱创业——虽然只是一部分——就得面对这种模式对公司经营可能带来的风险。

4. 加入孵化器，赢取创业基金

很多城市的政府机构、创业园区都有为创业者提供创业基金的政策和孵化器，这些孵化器会为创业者提供办公场所和初始基金，用赢取创业基金的方式筹集创业的“第一桶金”，也不失为一个高效、可行的办法。这种方式要求创业者具备足够的实力，如此才有可能从众多申请者中脱颖而出。

5. 找投资人“要钱”

天使投资主要面向的是初创期和种子期的企业，投资资金数量都比较少，一般为几万到几十万不等，而且投不投、投多少资金主要取决于投资者个人的眼光和喜好。当然，遇到合适的项目，他们就会立刻拍板。

6. 申请银行贷款

很多人认为找银行，金额大了批不下来，再加上对政策、手续不熟悉，觉得审批会很麻烦，投入的时间和精力成本有些不划算。但实际上，很多银行都设有小额担保贷款，在必要时可用于企业日常生产经营的资金周转。

7. 众筹募资

创业者可以把自己的产品原型或创意提交到众筹平台上，发起募集资金的活动，从而由感兴趣的人来捐献指定数目的资金。

8. 向供货商赊购

采用这种方式时，供货商要确认你的企业是否处于良性发展的状态。

9. 其他渠道

典当贷款：典当期限短则 5 天，长则半年，到期还可以延期；典当金额少则几百元，多则上百万、上千万元，这些双方都可以协商约定。小企业在发展过程中遇到资金困难的情况时，选择典当贷款，不失为一种有效的融资方式。

存钱才是硬道理

我是反对借钱的。

创业者借钱创业的成功率并不高。我的几个加盟商中，做得最好的是一个从练摊开始一步步创业的老板。可能因为是自己的钱，所以使用更加谨慎。

因为要靠自己的积蓄，一开始，你选择的创业项目不要太大，比如，需要 10 万元启动资金的。那么你接着就该问自己：存下 10 万元了吗？你有了 10 万元的存款，间接说明你有挣 10 万元的能力。用这 10 万元来创业，比东拼西凑靠谱。如果你连挣 10 万元的能力都没有，你凭什么认为自己创业就能成功呢？

当然，对于刚毕业的学生来说，一时没有10万元，其实还有个不用借钱的创业方法：有的职业人，因为业务纯熟，能力出众，老板觉得是可造之材，在老板的赏识下，并经过自己多年努力，最后成为了公司股东。这也是一种创业：零启动资金，用技术和能力入股。现在很多连锁店的店长走的就是这样的上升路径，他们以后即使出去单干，靠积蓄也够了。

我们把情况再想得极端点：没有积蓄，一时也无老板提拔，又该怎么办呢？我曾听说过这样一个故事——一个身无分文的人计划开餐馆，他是从捡传单开始的——不少餐饮推广人员会在公寓楼散发外卖传单，他就把一张一张传单上印的电话号码裁掉，写上自己的电话，再次散发。一天几百张出去，总能接到几个叫餐电话。每当接到电话，他就奔到快餐店，叫了餐给人送去。中间赚点事先谈好的差价。就这样积少成多，最后他开起了自己的餐馆！

你看，创业资金完全可以靠自己，没有资金也可以靠技术和能力间接换取资金，实在没有必要去借钱。总之，建议创业从存钱开始，踏实走好每一步，成功的概率才高。

（作者：龙平敬）

专题训练

1. 启动资金包括____________、____________、____________。

2. 固定资产是指企业购买的____________、____________的东西。

3. 流动资金是指企业____________所需支出的资金。

4. 王女士有15万元存款，准备在南昌市代理某品牌服装，最后选定了南昌市红谷滩的一家店面，面积大约50平方米。请问王女士在开业前应做好哪些准备？请你预测一下她大概要花多少钱才能正式启动运营？

5. 根据你的创业项目，估算一下启动资金，并在下表中列出具体资金数额。

启动资金

投资	费用（元）	流动资金	费用（元）	开办费	费用（元）

第二节　制订利润计划

案　例

职业院校毕业生张丽看好养殖业，于是陆续投资近 30 万元，兴建了养猪场。由于自己的辛勤努力，养猪事业发展得非常顺利。

在近 4 年的时间里，饲养的猪由于防疫措施得当、品种优良、饲料结构和成本控制合理、生长速度快、成活率高，销售畅通无阻，在当地有了一定的知名度。几年下来，资金在口袋里进进出出，感觉很成功。不久后，她参加了 SYB 培训班，通过学习，她发现自己的养殖事业似乎并不像以前想象的那么成功，尤其是忽略了经营中非常重要的环节——总成本的核算。

当初在计算成本时，张丽没有把很多重要支出考虑进去，其中包括房屋租赁费、设备购置费、汽车折旧费、自己的工资、电话费、汽车用油费等。张丽为了经营养殖场，48 000 元买了一辆客货车，现在最多只能卖 15 000 元，30 000 多元的应提折旧该怎么算呢？经过重新核算，她发现自己这几年几乎没有赚到钱。她考虑再三，决定二次创业。

思考讨论

1. 为什么张丽感觉这几年没有挣到钱？
2. 张丽应该如何估算自己的利润？

利润计划是指企业在未来一段时间内，经过努力应该达到的最优化的利润目标，它是企业未来经营必须考虑和实施的重要战略目标之一。

一、制定销售价格

在确定产品价格之前，企业首先要计算出所提供产品或服务的成本。每个企业在生产产品或提供服务时，都需要耗费大量的人力和物力资源，这些资源的价值就是成品或服务的成本。因此作为创业者，必须详细了解产品或服务的成本构成要素。很多企业之所以陷入经营困境，很大程度就是因为没有控制好企业经营成本。

1. 产品成本构成

企业在生产产品或提供服务时所产生的一切费用构成了企业经营的总成本，具体包括以下三个方面：

（1）固定成本：企业的固定支出，它不会随产品或服务数量的变化而变化。如设备购置费、租金、保险费、营业执照费等。

(2) 变动成本：随产品或服务数量的增加（减少）而递增（减少）的成本。如材料费、促销费、工资等。

(3) 折旧成本：一种特殊的隐形成本，主要针对固定资产而言。它是固定资产在经营过程中，由于磨损和损耗而转移到产品或服务中的那部分价值，用货币形态来表现就是折旧费。如图 8－1 所示。

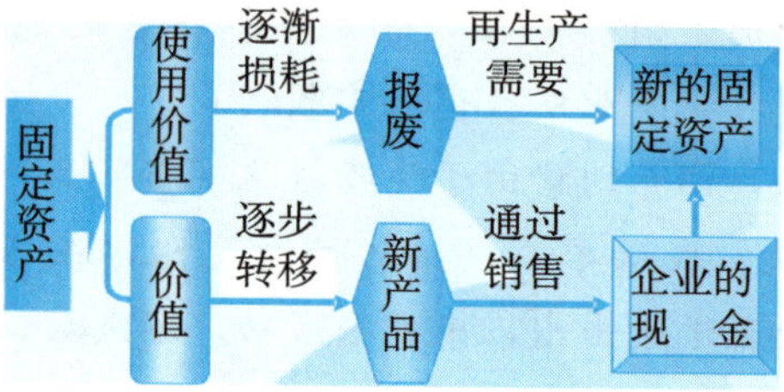

图 8－1　固定资产的使用价值与价值的转移过程

根据税法的相关规定，表 8－4 中的折旧率适用于国内大多数小企业。

表 8－4　各类资产的年折旧率

固定资产类型	每年折旧率
工具和设备	20%
机动车辆	10%
办公家具	20%
工厂建筑	20%
店铺	5%
土地	无

资料来源：http://www.taodocs.com/p-26560783-1.html.

产品成本构成为：

总成本＝固定成本总额＋变动成本总额＋折旧成本

单位产品成本＝总成本÷产品产量

产品单价＝单位产品成本×（1＋利润率%）

企业在经营过程中，通常会有很多需要支出的项目，表 8－5 为企业常见成本项目。

表 8－5　企业常见成本项目

材料费	工资和职工福利
办公文具和邮费	广告费
租金	律师和会计事物
水、电、气、网费	燃料费
维修费	折旧费
银行收费	电话费
保险费	营业执照费

2. 制定商品销售价格

制定商品销售价格的方法很多，但常用的主要有三种：成本加价法、竞争价格法、成本加价法和竞争价格法共同采用。

(1) 成本加价法。

成本加价法是指通过将产品或服务的各项成本加总，然后再加上一定的利润，进而确定商品销售价格的方法。即：

销售价格=成本+利润

具体如何计算成本呢？首先，你要了解自己企业生产的产品或提供的服务的成本构成；其次，你要了解固定资产、折旧也是一种成本；最后，要计算出单位产品和服务的成本价格。

(2) 竞争价格法。

在定价时，除了考虑成本外，你还要了解当地同类商品或服务的价格，以保证你的定价具有竞争力。

(3) 成本加价法和竞争价格法共同采用。

如果你的企业是小微企业，一定要严格核算产品或服务成本，保证定价高于成本，以获得适当利润。同时要随时观察竞争者产品或服务的价格，以保证自己的产品或服务价格具有竞争力。此外，还要比较同类产品或服务的市场价格，但要注意不要拿制造商的销售价同商店的零售价比较。

二、 预测销售

销售预测是指在未来特定时间内，对全部产品或特定产品的销售数量和销售金额的估计它是在充分考虑各种影响因素的基础上进行的。

1. 预测销售的方法

一般而言，销售预测主要有以下两种方法：

(1) 定性预测。

定性预测又称非数学分析法、判断分析法和集合意见分析法，是指由熟悉业务的专家，根据个人经验进行分析和判断，得出初步预测意见，然后再通过一定的形式（如座谈会等）进行综合分析，最后作为预测未来状况和发展趋势主要依据的方法体系。定性预测主要有以下几种方法：

1) 根据经营负责人的意见进行预测。此种方法极为单纯，它是根据经营者或销售管理者的经验与直觉、某个人的意见或所有参与者的共识，得出未来销售数据的一种方法。

2) 根据推销员的意见进行预测。推销员与消费者接触较多，对商品是否畅销比较了解，对商品品种、规格、式样的需求等都比较了解。所以，许多企业通过听取销售人员的意见来推测市场需求。

3) 运用产品生命周期理论进行预测。这是一种利用产品在其萌芽期、成长期、成熟期、衰退期的销售量的变化进行销售预测的方法。

4) 通过与竞争对手比较进行预测。这里的“竞争对手”是指与新企业的业务范围相似，如企业规模、资源、技术、营销能力等相当的企业。

5）通过实地测试进行预测。初创企业可以拟定一个试营业期，通过少量实地试销企业产品或服务预测未来的销售额。这种方法对小型制造企业和零售商比较有效。

6）通过预付进行预测。商家经常用这种方式进行促销并以此来预测未来销售额，如在消费充值卡上充 1 000 元可以抵 2 000。

7）根据顾客意见进行预测。这种预测方法是通过征询顾客的潜在需求或未来购买商品的计划，了解顾客购买商品的活动、变化及特征等，然后在收集消费者意见的基础上，分析市场变化，预测未来市场的需求。这种方法主要用于预测市场需求和企业商品销售情况。采取的形式有：

·在商品销售现场直接询问消费者对商品的需求情况，了解他们准备购买商品的数量、时间，某类商品需求占总需求的比重等问题。

·利用电话询问、邮寄征询意见表等方式搜集消费者意见。

·提出问题请顾客回答，将回收的意见进行整理、分类、总结，再按照典型情况预测整个市场未来需求的趋势。

·采取直接访问的方式，到居民区或消费者单位，询问他们对商品的需求情况，近期购买商品的计划，购买商品的数量、规格等。

具体采用哪种调查方式，要依据调查对象数量而定。如果调查对象数量较少，可以采用发征询意见表的方式进行调查；如果调查对象数量较多，可以采用随机抽样或选取典型的方式进行调查。

（2）定量预测。

定量预测又称数量分析法，是指运用现代数学方法，对有关数据进行加工处理，建立能够反映有关变量之间规律性联系的各类预测模型的方法体系。定性预测主要有以下几种方法：

1）时间数列分析法。

在分析实际销售情况时，人们一般会将销售实绩按年或月的次序排列下来，以观察其变化轨迹。时间数列分析法正是通过分析销售量随时间变化的动向，来预测未来销售值的。具体而言，可运用“算术平均法”“移动平均法”进行预测。

【例题】某企业生产某产品，2016 年各月销售量资料如表 8－6 所示，预测 2017 年的销售量。

表 8－6　　某企业某产品 2016 年销售量

月份	1	2	3	4	5	6	7	8	9	10	11	12
销售量	10	12	13	11	14	16	17	15	12	16	18	19

·算术平均法：通过本年度每季（或月）的平均销售数据预测下一年度每季（或月）的销售数值。

预测销售量＝各期销售量之和/期数

解：预测销售量＝(10＋12＋13＋11＋14＋16＋17＋15＋12＋16＋18＋19)/12＝14.42

·移动平均法：用近期几个月或季节的数据预测下一个月或季节的数值。

从 n 期时间数列中选取 m 期（$m<n/2$）的数据求算术平均数，并不断向后移动，连

续计算，直到最后将 m 期的平均数作为未来销售预测值。

销售量预测数＝最后 m 期算术平均销售量

解： 设 $m=5$，则预测销售量＝（15＋12＋16＋18＋19）/5＝16

……

2）相关分析法。

事物彼此之间均存在着直接或间接的联系，同样，销售量的变化也是由某种变量的变化引起的。例如轮胎与汽车，面料、辅料与服装，水泥与建筑之间存在着依存关系，而且都是前者的销售量取决于后者的销售量。所以，可以利用后者现成的销售预测信息，来推测前者的销售量（额）。这种方法的优点是简便易行、成本低廉。

2. 预测销售收入

在创办新企业时，还需要学会预测销售收入。具体可在销售预测的基础上，根据销售量算出你的销售收入：

销售收入＝销售量×产品价格

预测销售收入可以采取以下步骤：

（1）列出你所有的产品或服务项目。

（2）预测一年中每个月每项产品或服务的销售数量，它来自你所做的市场调查。

（3）为你计划销售的产品或服务制定销售价格。

（4）用销售价格乘以月销售量计算产品或服务的月销售额。

（5）制作销售收入预测表（见表 8－7），汇总各种产品或服务的销售收入。

表 8－7 销售收入预测表

产品或服务 \ 销售情况 \ 月份		1	2	3	4	5	6	7	8	9	10	11	12	合计
A	销售数量													
	销售单价													
	月销售额													
B	销售数量													
	销售单价													
	月销售额													
C	销售数量													
	销售单价													
	月销售额													
D	销售数量													
	销售单价													
	月销售额													
E	销售数量													
	销售单价													
	月销售额													
合计	销售总量													
	销售总收入													

资料来源：http://wenku.baidu.com/view/ae8cc1906bec0975f465e2d1.html.

三、 制订销售和成本计划

为了了解企业的实际运营情况，创业者一定要仔细核算企业在经营过程中是否能贡献利润。在此，制订一个良好的销售和成本计划（见表 8－8）将使你透过销售和成本数据，看到企业在运营中的盈利情况。

表 8－8　　销售和成本计划表

项目	金额 月份	1	2	3	4	5	6	7	8	9	10	11	12	合计
销售	含流转税的销售额入													
	流转税（增值税等）													
	销售净收入													
成本	业主工资													
	员工工资													
	租金													
	营销费用													
	公用事业费用													
	维修费													
	折旧费													
	贷款利息													
	保险费													
	登记注册费													
	原材料成本（列出项目）													
	1.													
	2.													
	3.													
	4.													
	5.													
	6.													
	总成本													
利润														
税费	企业所得税													
	个人所得税													
	其他													
净收入（税后）														

四、 制订现金流量计划

现金流量是指企业在一定会计期间按照现金收付实现制，通过一定经济活动（包括经营活动、投资活动、筹资活动和非经常性项目）产生的现金流入、现金流出及其总量情况的总称，即企业一定时期的现金和现金等价物的流入和流出的数量。现金流量对企业经营情况有直接影响，所以，创业者在创业初期一定要科学、合理地制订现金流量计划。

1. 影响制订现金流量计划的因素

（1）有些销售需要赊账，赊销金额通常需要一段时间才能收回。

（2）有些采购需要赊账，这也会增加制订现金流量计划的复杂度。

（3）企业的某些费用是“非现金”的，如设备折旧费等项目一般不会出现在现金流量计划中。

2. 制订现金流量计划的意义

现金就像是使企业这台发动机正常运转的燃料，有些企业经营者由于缺乏管理现金流量的能力与经验，导致企业在经营途中抛锚，所以，制订现金流量对企业来说十分重要。

（1）可以显示并掌握企业每个月现金流入和流出的数量。

（2）可以帮助企业保持充足的动力。

（3）可以防止现金短缺给企业造成致命的威胁。

（4）计划中发现现金流量出现负值时，可以提示企业经营者采取防范措施加以补救。

3. 制作现金流量计划表

现金流量计划表（见表 8－9）按照经营活动、投资活动和筹资活动进行分类报告，有助于报表使用人了解各类活动对企业财务状况的影响，以及预测企业未来的现金流量。

表 8－9　现金流量计划表

项目 \ 金额 \ 月份		1	2	3	4	5	6	7	8	9	10	11	12	合计
现金流入	月初现金													
	现金销售收入													
	赊销收入													
	贷款													
	其他现金流入													
	可支配现金（A）													
现金流出	现金采购支出													
	租金													
	工资													
	保险费													
	水电费													
	电话费、网费													
	装修费													
	办公设备													
	工具设备													
	开办费													
	其他现金支出													
	1.													
	2.													
	3.													
	现金总支出（B）													
月底现金（A－B）														

至此，你需要对下列问题做出决策：

（1）制定销售价格：你卖出的东西，顾客要付多少钱。

（2）预测销售：你的企业在一定时间内能卖出多少产品，你在一年中可以挣到多少钱。

（3）制订销售和成本计划：看看你是赔钱还是赚钱。

（4）制订现金流量计划：你是否有足够的资金来保证企业的正常运转。

专题训练

1. 预测销售有哪几种方法？你认为哪种方法最适用？为什么？

____

____

2. 某公司 2008—2016 年的产品销售资料如下：

年度	2008	2009	2010	2011	2012	2013	2014	2015	2016
销售量（万件）	3 000	3 100	3 150	3 250	3 400	3 300	3 450	3 500	3 600

要求：

（1）根据上述资料，用算术平均法预测公司 2017 年的销售量。

（2）根据上述资料，用移动平均法预测公司 2017 年的销售量。

3. 业主张大利计划在街上开办一家金银首饰加工店。他为前 5 个月的经营制订了以下现金流量计划（见下表）。分析这个现金流量计划并回答以下问题：

现金流量计划表

项目	金额 \ 月份	1	2	3	4	5
现金流入	月初现金	1 500	250	250	3 000	855
	现金销售收入	1 250	2 250	3 750	4 250	4 250
	其他现金收入	0	0	1 450	0	0
	可支配现金	2 750	2 500	5 450	7 250	5 105
现金流出	现金采购支出	1 800	1 550	1 750	1 850	1 850
	工资	450	450	450	545	545
	办公开支	250	250	250	250	250
	购买设备	0	0	0	3 750	0
	其他现金支出	0	0	0	0	0
	现金总支出	2 500	2 250	2 450	6 395	2 645
月底现金		250	250	3 000	855	2 460

(1) 4 月流入企业的现金总量是多少?

(2) 5 月流入企业的现金总量是多少?

(3) 张大利期望在什么时候购买新设备?

(4) 你认为张大利的企业在前 5 个月的运营过程中需要多少钱?

4. 陈立华在省城创业，需要买一部电焊机 3 250 元，一个手电钻 250 元，一台切割机 450 元以及一些手动工具 3 000 元，他还需要租一个店铺每月 1 500 元，电焊工每月工资 3 000元，电焊工助手每月工资 1 800 元。陈华购买的设备能用 5 年。

问题:

(1) 陈立华企业的固定资产是多少?

(2) 每个月的流动资金是多少?

(3) 请计算一下这些设备每个月的总折旧费。

5. 应用题：创业财务分析预测。

● 活动目的

为创业项目制订销售和成本计划表、现金流量计划、预测销售收入。

● 活动程序

1. 全班分为 3~4 个小组，每组 10 人。

2. 各小组分工协作，通过网络收集材料或实地考察，了解产品或服务的特点、价格和设备购买、具体资金开支等信息。

3. 制订销售和成本计划、现金流量计划、预测销售收入，并在课堂上用 PPT 展示。

● 总结分享

通过活动让学生了解创业前期需要做的具体准备，即如何获取启动资金、需要多少资金、资金如何支出、在创业过程中如何获利等，使学生对创业的财务管理有一个清晰的了解，尽量降低创业风险。

精彩链接

预测销售

本章综合训练

知识巩固练习

1. 请运用思维导图梳理本章知识内容。

2. 连连看：

固定投资	购买摩托车
	购买布料
	购买书籍
	购买计算机
	购买办公桌
流动资金	房租
	水电费
	广告费

3. 分析下述材料并回答问题。

苏秋莲用10万元存款开了一家洗染店。她的店有3名员工，4部功能不同的洗染机。经过一年的辛勤付出，她获得了可观的收入，并于近日改善了自己的住房条件，还把孩子送到了一家费用很高的私立学校去读书。不幸的是，上周最重要的干洗机坏了，由于损坏严重，无法修理，只能重新再买一台。但她最近对外支出资金太多，一时拿不出钱来更换干洗机，业务面临停滞的局面。

利用你所学的知识分析苏秋莲做错了什么？她本应该怎么做？

综合实践训练

创业，我们在行动——体验创业

● **活动目的**

运用所学知识，根据创业实际操作流程，撰写一份完善的创业计划书。从中体验创业，并在创业实践中不断磨砺自己，提高自身的综合素质。

● **活动步骤**

以3～5人为一组组队→共同提出一个有创意的创业计划→进行分工（老板、采购、会计、客服等工作人员）→立项→开展市场调查→选址→开展营销→预测销售收入→制订销售和成本计划→制订现金流量计划→完成创业计划书→请相关老师和专家进行评比，选出可行性较强的创业计划书，代表本班参加学校“创业园”项目评选活动→实际经营。

步骤一：各创业小组或个人完成“创业计划书”的填写。（见附件。注：若表格内不需要填写数据，可以填无或用斜线表示，但不要删除）

步骤二：根据创业计划书模块，逐条理顺各方面的内容。根据附件内容，制作一份PPT形式的创业计划书，每个小组派一名代表，对创业计划书进行讲解，其他小组成员可就对方创业计划中存在的问题进行提问，并给出可行性较强的改进性建议。

步骤三：请相关老师和专家进行评比，选出可行性较强的创业计划书，代表本班参加学校“创业园”项目评选活动，力争项目“落地”，并取得成功。

附件

创业计划书

企 业 名 称：____________________

创业者姓名：____________________

日　　　期：____________________

通 信 地 址：____________________

邮 政 编 码：____________________

电话／手机：____________________

传　　　真：____________________

电 子 邮 件：____________________

目　录

优秀《创业计划书》的标准：

1. 项目具有可行性。
2. 能反映市场的真实情况。
3. 财务报表分析准确，且能实现盈利。
4. 语言表达准确、到位。
5. 项目具有创新性，且具有竞争优势。

一、 企业概况

以摘要形式描述企业的名称、性质、规模、经营范围、企业地址等内容。能清晰阐述经营特色（以摘要形式来写，最少写 5 条）。

选择企业类型（选择一项并打“√”），若为“其他”可在此栏目后注明。

□生产制造　□零售　□批发　□服务　□农业

□新型产业　□传统产业　□其他__________

二、 创业者的个人情况

1. 以往的相关经验（包括时间，具体描述相关经验）：主要描述与创业相关的经验（若无请写“无”，不可不写）。

2. 教育背景（包括所学习的课程、时间，不能空）：主要描述与创业相关的课程（如 SYB 培训课程）和时间，教育背景只需体现最高学历。

三、 市场评估

要求：体现市场调研的真实结果；对市场容量和市场占有率预测应客观且有数据和其他相关资料证明；对顾客、竞争对手进行客观分析。

1. 目标顾客描述：对顾客的年龄、购买力、喜好等进行阐述（不能空，4～5 条）。

2. 市场容量和本企业预计市场占有率：具体描述本产品或服务的市场容量和创业者自身所创办的企业在其中的占比。

（1）市场容量：一定要对所创办企业周边的人口进行深入分析。

（2）市场容量的变化趋势：具体描述你所研究的创业项目在本行业的盈利周期内可能发生的市场变化，同时应注意：优秀的《创业计划书》应有证明资料。

3. 对竞争对手进行分析。

（1）竞争对手的主要优势：对竞争对手的优势进行简要描述，并逐条列出，如对手的技术、质量、规模、品牌、渠道等。

（2）竞争对手的主要劣势（同上）：

（3）本企业相对于竞争对手的主要优势（同上）：

（4）本企业相对于竞争对手的主要劣势（同上）：

四、 市场营销计划

1. 产品（描述清楚）：对主要特征、质量、特点等进行阐述。

产品或服务	主要特征（体现产品的特色）

2. 价格：生产成本＋经营成本＝总成本；总成本/总数量＝成本价。

产品或服务	成本价	销售价	竞争对手的价格

注：销售价与本计划书中的销售收入预测的平均单价一致，即销售价大于成本价。

折扣销售	
赊账销售	

注：若有折扣销售和赊账销售，请与后面的数据保持一致。

3. 地点。

（1）选址细节：租金要注明单位“元/年”或“元/月”；若免收租金，请说明原因。

地址	面积（平方米）	租金或建筑成本

注：租金或建筑成本与本计划书中的流动资金、销售和成本计划、现金流量计划中的租金一致。

（2）选择该地址的主要原因：

（3）销售方式（选择一项并打“√”）：

将产品或服务销售或提供给：□最终消费者　□零售商　□批发商

（4）选择该销售方式的原因：

4. 促销（与后面的数据一致）。

人员推销		成本预测	
广告		成本预测	
公共关系		成本预测	
营业推广		成本预测	

注：各成本预测须同本计划书中的流动资金“2. 其他经营费用”、销售和成本计划、现金流量计划中的营销费用一致。

五、 企业组织结构

1. 企业将登记注册成：

□个体工商户　　□有限责任公司

□个人独资企业　　□合伙企业

□其他

2. 拟定的企业名称：

3. 企业的员工（请附企业组织结构图和员工工作描述书）：

职务：__________　　月薪：______元/月

业主或经理：__________

要体现给自己发工资的观念，工资不低于最低工资标准。月薪与流动资金中的“业主的工资”一致。员工的工资也不得低于最低工资标准，兼职人员除外（此处的工资与流动资金中的“业主的工资”和“雇员的工资”一致）。

4. 企业将获得的营业执照、许可证：

类型：________________　　预计费用：________________

大中专院校毕业生创业有税收减免政策，要体现出来。

预计费用与流动资金中的登记注册费用一致；登记注册费若为零，请说明原因。

5. 企业的法律责任（保险、员工的薪酬、纳税）：交保险的理念一定要有，不需要交保险的岗位（如兼职）或参加商业保险等其他保险的请阐述原因。纳税一定要有体现，不需要纳税的要说明原因。

类型：________________　　预计费用：________________

预计费用与成本中的保险费用一致。

合伙人与合伙合作协议内容见下表。

合伙人 内容 条款				

六、 固定资产

1. 工具和设备。

根据预测的销售量，假设达到100%的生产能力，企业需要购买以下设备：

名称	数量	单价	总费用（元）

供应商名称	地址	电话或传真

2. 交通工具（如果有，一般要体现维修费用）。

根据运输及营销活动的需要，拟购置以下交通工具：

名称	数量	单价	总费用（元）

供应商名称	地址	电话或传真

注：在此，自行车不算交通工具，价格在2 000元以上的可作为固定资产。

3. 办公家具和设备。

办公室需要购置以下家具和设备：

名称	数量	单价	总费用（元）

供应商名称	地址	电话或传真

注：小类归大类，无须分的太细。

4. 固定资产和折旧概要。

此表是前面工具和设备、交通工具、办公家具和设备内容的整合。其中折旧方法建议采用平均年限折旧法，若采用其他折旧法或者特殊固定资产折旧法要注明原因。价格较低的，不用折旧计算。

项目	价值	年折旧（元）
工具和设备		
交通工具		
办公家具和设备		
店铺装修折旧年限		
厂房折旧年限		
土地		
合计		

注：价值合计与本计划书中的现金流量计划中的现金流出的设备一致，年折旧与本计划书中的销售和成本计划中的折旧费一致。

七、流动资金（月）（此表填写开业第一个月的经营费用）

1. 原材料和包装（数据要保持一致）。

项目	数量	单价	总费用（元）

注：数量与本计划书中的销售收入预测（第一个月）中的销售数量一致，总费用与本计划书中的销售和成本计划中的原材料成本（第一个月）一致。

供应商名称	地址	电话或传真

2. 其他经营费用（不包括折旧费和贷款利息）

项目	费用（元）	备注
业主的工资		
雇员的工资		
租金		
营销费用		
公用事业费		
维修费		
保险费		
登记注册费		
其他		
合计		

注：业主的工资与本计划书中的销售和成本计划中的业主工资一致，登记注册费与本计划书中的销售和成本计划中的登记注册费一致。

八、销售收入预测（见下表）

销售收入的 1 月指的是开张第一个月的数据，每月的销售数量一般会有波动，但总体销售收入要能体现企业的正常发展水平。

销售收入（12 个月）预测表

产品或服务	销售情况＼月份	1	2	3	4	5	6	7	8	9	10	11	12	合计
A	销售数量													
	平均单价													
	月销售额													
B	销售数量													
	平均单价													
	月销售额													
C	销售数量													
	平均单价													
	月销售额													
D	销售数量													
	平均单价													
	月销售额													
E	销售数量													
	平均单价													
	月销售额													
合计	销售总量													
	销售总收入													

资料来源：http：//wenku. baidu. com/view/ae8cc1906bec0975f465e2d1. html.

九、销售和成本计划（见下表）

装修费：对几年收回成本要加以说明。
社保：不摊销。

销售和成本计划表

	金额 月份 项目	1	2	3	4	5	6	7	8	9	10	11	12	合计
销售	含流转税的销售收入													
	流转税（增值税等）													
	销售净收入													
成本	业主工资													
	员工工资													
	租金													
	营销费用													
	公用事业费用													
	维修费													
	折旧费													
	贷款利息													
	保险费													
	登记注册费													
	原材料成本（列出项目）													
	1.													
	2.													
	3.													
	4.													
	5.													
	6.													
	总成本													
利润														
税费	企业所得税													
	个人所得税													
	其他													
净收入（税后）														

资料来源：http：//wenku. baidu. com/view/ae8cc1906bec0975f465e2d1. html.

十、现金流量计划（见下表）

现金流量计划表

项目	金额 \ 月份	1	2	3	4	5	6	7	8	9	10	11	12	合计
现金流入	月初现金													
	现金销售收入													
	赊销收入													
	贷款													
	其他现金流入													
	可支配现金（A）													
现金流出	现金采购支出（列出项目）													
	1.													
	2.													
	3.													
	赊购支出													
	业主工资													
	员工工资													
	租金													
	营销费用													
	公用事业费用													
	维修费													
	贷款利息													
	偿还贷款本金													
	保险费													
	登记注册费													
	设备													
	其他（列出项目）													
	1.													
	2.													
	现金总支出（B）													
月底现金（A－B）														

资料来源：http：//wenku. baidu. com/view/ae8cc1906bec0975f465e2d1. html.

注：本计划书中的销售总收入与含流转税的销售收入、现金销售收入一致。

《创业计划书》若出现以下问题可直接退回修改：

（1）项目分摊不准确，固定资产折旧有误，没有体现纳税和盈利趋势。

（2）现金流量计划费用支付有误，登记注册费、商业保险费、设备费等没有实际支付。

拓展训练

举办创业计划大赛

——“挑战杯”创业计划比赛活动参考方案

一、 活动主题

创新改变生活，创业成就梦想。

二、 活动时间

2017 年 3 月 27 日下午 13：30～16：00。

三、 参赛对象

全校学生。

四、 参赛作品要求

（1） 本次比赛为团体赛，每个团队参赛选手不超过 5 人（不含带队老师）。

（2） 参加创业竞赛的团队需要在指定时间内提交一份创业计划书（至少要包括项目背景、市场分析/需求分析、可行性分析、融资方案、营销方案、成本控制、风险评估七部分内容）。同时，参赛团队需要根据自己的计划书内容制作出一份答辩 PPT，以供决赛时展示。

五、 活动流程

1. 赛前培训。

鉴于同学们对专业的创业计划书的撰写了解有限，将由学校专业的老师对选手进行培训。

2. 初赛阶段。

每位带队老师从候选的创业计划书中选出优秀的 2～4 份参加决赛，参加决赛的创业计划书不超过 10 份。

3. 决赛阶段。

（1） 主持人上台向观众介绍本次活动的意义及主题，并宣布比赛正式开始。

（2） 首先介绍评委嘉宾和比赛规则。

（3） 参赛团队依次上台讲解自己的创业计划书。

1） 项目展示：参赛选手根据团队制作的 PPT 版的创业计划书进行现场陈述，时间为 8 分钟，时间剩余 30 秒时会有提示，超时将中止陈述。

2）现场答辩：评委会根据团队的计划书进行提问，参赛团队进行答辩。
3）评委根据参赛团队的项目展示和答辩情况进行打分。
4）第一组讲解结束后，第二组上台讲解，第二组按程序完成后，公布第一组成绩。
5）以此类推，直到所有的参赛团队均完成比赛。
（4）主持人公布创业计划比赛结果，并邀请评委对本次比赛进行总结发言。
（5）邀请评委上台给获奖团队颁奖并合影留念。
（6）主持人总结并宣布本次活动圆满结束。

六、 工作人员安排

（1）主持人：1 人。
（2）现场统筹、设备调试、现场签到、奖品管理：1 人。
（3）现场收分、记分、统分、现场计时：2 人。
（4）现场拍照、撰写新闻稿：2 人。

七、 奖项设置

（1）一等奖：1 名，奖品（略）。
（2）二等奖：2 名，奖品（略）。
（3）三等奖：3 名，奖品（略）。
（4）优秀奖：若干，奖品（略）。

八、 设备

话筒、计时秒表（可用手机代替）、电脑、记分本、各队队牌、奖品。

九、 创业计划竞赛评分细则 （见下表）

创业计划竞赛评分细则

策划书内容：（45 分）	1. 创业项目的基本构架及内容是否完整（10 分）
	2. 创业项目是否具有创新性、独特性（15 分）
	3. 创业项目是否具有可操作性（10 分）
	4. 创业项目是否具有市场前景（10 分）
团队表现：（35 分）	1. 参赛团队的着装是否整洁大方（5 分）
	2. 参赛团队的答辩是否准确合理（15 分）
	3. 参赛团队的协作能力（10 分）
	4. 参赛团队的舞台表现力（5 分）
PPT 制作：（20 分）	PPT 制作是否美观，是否反映了团队的创业策划意图（20 分）

参考文献

[1] 加里·R. 卡比，杰弗里·R. 古德帕斯特．思维．北京：中国人民大学出版社，2010.

[2] 陈爱玲．创新思维与实践．保定：河北大学出版社，2010.

[3] 拜五四．大学生就业与创业实训教程．北京：科学出版社，2015.

[4] 万炜，朱国伟．创业案例集锦．北京：中国人民大学出版社，2013.

[5] 葛建新，周卫中，傅晓霞．创业学．北京：清华大学出版社，2004.

[6] 李丹．创业智慧．北京：北京工业大学出版社，2014.

[7] 朱益新．创业实务．北京：中国人民大学出版社，2015.

[8] 凡禹．创业前三年．北京：新世界出版社，2011.

[9] 张玉华，王周伟．创业基础．北京：清华大学出版社，2014.

图书在版编目（CIP）数据

创新与创业 / 罗赣权主编 . —北京：中国人民大学出版社，2017. 6
ISBN 978-7-300-24374-0

Ⅰ. ①创…　Ⅱ. ①罗…　Ⅲ. ①创业－中等专业学校－教材　Ⅳ. ①G717. 38

中国版本图书馆 CIP 数据核字（2017）第 099050 号

职业教育通用基础教材系列
创新与创业
罗赣权　主编
Chuangxin yu Chuangye

出版发行	中国人民大学出版社		
社　　址	北京中关村大街 31 号	**邮政编码**	100080
电　　话	010－62511242（总编室）		010－62511770（质管部）
	010－82501766（邮购部）		010－62514148（门市部）
	010－62515195（发行公司）		010－62515275（盗版举报）
网　　址	http://www. crup. com. cn		
	http://www. ttrnet. com(人大教研网)		
经　　销	新华书店		
印　　刷	北京昌联印刷有限公司		
规　　格	185 mm×260 mm　16 开本	**版　　次**	2017 年 6 月第 1 版
印　　张	12. 25	**印　　次**	2020 年 1 月第 2 次印刷
字　　数	268 000	**定　　价**	29. 00 元